장로회신학대학교 구약성경공부 교재 28 · 29 · 30

호세아 · 요엘 · 아모스

(인도자용)

박동현·박봉수·이하준 지음

장로회신학대학교출판부

2010

장로회신학대학교 구약성경공부 교재 28 · 29 · 30 (인도자용)

호세아 · 요엘 · 아모스

초판 인쇄 / 2010년 2월 15일
초판 발행 / 2010년 2월 25일

지은이 / 박동현·박봉수·이하준
발행인 / 장영일
펴낸곳 / 장로회신학대학교출판부
등록 / 제4-33호
주소 / 143-756 서울시 광진구 샘말길 23(광장동 353)
전화 / (02) 450-0795
팩스 / (02) 450-0797
E-mail / ptpress@pcts.ac.kr

ISBN / 978-89-7369-245-3 94230
ISBN / 978-89-7369-202-6 (세트)
값 13,000원

호세아 · 요엘 · 아모스

(인도자용)

PCTS Old Testament Bible Study: Volume 28 · 29 · 30

Hosea · Joel · Amos

Leader's Edition

Park, Dong Hyun · Park, Pong Soo · Lee, Ha Joon

Presbyterian College and Theological Seminary Press

발간사

성경의 소중함과 성경공부의 가치는 아무리 강조해도 지나치지 않을 것입니다. 성경에서 우리는 생명보다 소중한 하나님의 말씀을 들을 수 있을 뿐만 아니라 우리의 참 왕이시며 주인이신 예수님을 만나 뵙고(요 5:39) 삶의 갖가지 역경과 시련 가운데서도 이를 극복할 수 있는 위로와 용기와 지혜를 얻을 수 있기 때문입니다.

20세기의 기적으로 알려진 헬렌 켈러 여사는 독서의 양이나 사상에 있어서도 뛰어난 인물로, 그녀가 삼중고를 극복하고 어둠 속에서 빛을 발하는 승리의 인생을 마감하면서 우리에게 남겨 준 의미 있는 말에 귀를 기울일 필요가 있습니다: "나에게 잃어버린 세계를 되찾게 한 것은 책의 힘입니다. 그 중에서도 내가 가장 애독하는 것은 성경이지요. 나는 어린 소녀 시절부터 언제나 용기와 기쁨을 얻기 위해 성경을 읽었습니다. 나는 하도 많이 읽어서 어떤 곳은 글자(점자)가 문드러져 나갈 정도였습니다. 그것은 내 손가락 끝에서 점자가 닳고 닳았기 때문입니다. 성경은 나의 전 생애의 지침이 되고 위안이 되었습니다. 삼중고를 짊어진 나에게 불굴의 정신을 갖게 한 것은 성경이었습니다. 나는 날마다 성경을 읽을 적마다 기력을 새로 회복하고 포부를 확대해 나갈 수 있었습니다. 그러므로 시간을 내어 성경을 읽고 영을 새롭게 하여야 합니다."

이와 같이 우리에게 삶의 지혜와 명철을 제공해 주는 성경을 그 어느 과목보다도 열심히 공부해야 하는 것은 평생 동안 하나님의 말씀을 선포하고 성경을 가르쳐야 하는 신학도에게 마치 전쟁을 앞두고 군인이 탄환을 충분히 확보해 두는 것과 같고 가뭄에 대비하여 저수지에 수자원을 넉넉히 비축해 두는 것과 비교할 수 있을 것입니다.

우리 장로회신학대학교에서는 이처럼 성경공부의 중요성을 새롭게 인식하여 지난 2007년부터 신학대학원생들이 졸업하기에 앞서 적어도 두 학기 이상 매 학기마다 개설되는 성경공부 과목을 수강할 수 있게 배려하고 있습니다.

구약성경공부 교재로 이미 출간된 창세기, 여호수아·사사기, 이사야, 시편에 이어 이번에 선보이는 호세아·요엘·아모스 교재도 우리 장로회신학대학교와 대한예수교장로회에 속한 성경공부 전문가들의 노고를 통하여 출간되는데, 아무쪼록 이 교재를 손에 들고 진행하는 성경공부를 통하여 신학도들이 언제 어디서나 성경공부를 자신 있게 이끌 수 있는 노하우를 터득할 수 있게 되기를 기대하며, 그동안 이 교재를 만들기 위해 애써 주신 여러분들께 진심으로 감사를 드립니다.

2010년 2월 15일

장로회신학대학교 총장 **장 영 일**

머리말

본 성경공부 교재는 교역 현장에 보다 직접적인 목회실천적 효용가치가 있는 교육을 실현하기 위해 본 대학교 안에 구성된 교육과정개발위원회의 성경교육개발단에서 개발하는 성경공부 교재 시리즈 가운데 하나이다. 본교는 이미 구약성경공부 교재로서 『창세기』(2008.2), 『여호수아 · 사사기』(2008.9), 『이사야』(2009.2), 『시편』(2009.8)을, 또 신약성경공부 교재로서 『마가복음』(2008.2), 『사도행전』(2008.9), 『로마서』(2009.2), 『히브리서』(2009.8)를 발간한 바 있으며, 이번에 발간되는 『구약성경공부 교재 28 · 29 · 30. 호세아·요엘·아모스』는 구약성경공부 교재로서는 다섯 번째로 발간되는 교재이다.

이 교재는 세 분의 저자들에 의해 집필되었다. 본교 구약학 교수님이신 박동현 교수님, 본교 객원교수이면서 상도중앙교회를 담임하시는 박봉수 목사님, 본교 객원교수이면서 포항 효자교회를 담임하시는 이하준 목사님이 이 교재의 공동저자이다. 이 세 분의 노고에 깊은 감사의 마음을 전한다.

본 교재는 본교의 성경공부 교재 시리즈의 다른 교재들과 마찬가지로 인도자용과 학습자용 두 권으로 이루어져 있으며, 12번에 걸쳐서 공부가 진행되는 12개의 과로 구성되어 있다. 본 교재의 중심은 수업안에 있다. 그러나 수업안과 더불어 악보, 본문, 참고자료, 서식, 풀이(인도자용에만 있음), 수업일지(인도자용에만 있음)라는 6개의 요소들이 학습자를 매우 알찬 성경공부의 길로 안내한다. 본 교재의 성격은 성서주석학적인 이론적 학문성에 있다기보다는 교회 현장에서의 실천적 적용성에 있다.

본인은 이 『구약성경공부 교재 28 · 29 · 30. 호세아·요엘·아모스』가 신학교에서 공부하는 신학도들로 하여금 교회의 목회실천 현장에서 보다 효율적으로 사역을 수행할 수 있도록 준비하는 데 도움을 주는 성경공부 수업의 교재로 유용하게 사용될 뿐만 아니라, 나아가서 한국 교회의 평신도들을 위한 교회 안에서의 성경공부 교재로 널리 사용됨으로써 한국 교회의 평신도 교육을 위해서 크게 기여할 수 있게 되기를 기대한다.

2010년 2월 15일

제4기 교육과정개발위원회 위원장 윤 철 호

일러두기

1. 교재의 짜임새

이 교재는 12과 100쪽 분량의 **'수업안'**, 8곡 7쪽 분량의 **'악보'**, 10군데 18쪽 분량의 **'나누어 읽을 본문'**, 10쪽 분량의 **'참고자료'** 3가지, 39쪽 분량의 **'서식'**, 42쪽 분량의 **'풀이'**, 14쪽 분량의 **'인도자 지침'**, 12쪽 분량의 **'수업일지'** 의 여덟 부분으로 이루어져 있습니다. 이 가운데서 '인도자 지침' 을 뺀 나머지 일곱 부분의 과별 분량은 아래 도표와 같습니다.

	수업안	악보	본문	참고자료	서식	풀이	수업일지	합계
첫 날(1과)	7쪽	3쪽[4찬송]	0	6쪽	3쪽	2쪽	1쪽	22쪽
둘째 날(2과)	10쪽	0	2쪽	0	3쪽	5쪽	1쪽	21쪽
셋째 날(3과)	9쪽	2쪽[2찬송]	1쪽	0	4쪽	3쪽	1쪽	20쪽
넷째 날(4과)	9쪽	0	2쪽	0	4쪽	3쪽	1쪽	19쪽
다섯째 날(5과)	9쪽	1쪽[1찬송]	2쪽	0	3쪽	3쪽	1쪽	19쪽
여섯째 날(6과)	9쪽	0	2쪽	3쪽	3쪽	4쪽	1쪽	22쪽
일곱째 날(7과)	9쪽	0	2쪽	0	3쪽	4쪽	1쪽	19쪽

여덟째 날(8과)	9쪽	0	3쪽	1쪽	3쪽	4쪽	1쪽	21쪽
아홉째 날(9과)	9쪽	1쪽[1찬송]	1쪽	0	4쪽	3쪽	1쪽	19쪽
열째 날(10과)	9쪽	0	2쪽	0	3쪽	4쪽	1쪽	19쪽
열한째 날(11과)	8쪽	0	1쪽	0	3쪽	4쪽	1쪽	17쪽
열두째 날(12과)	3쪽	0	0	0	3쪽	3쪽	1쪽	10쪽
합계	100쪽	7쪽[8찬송]	18쪽	10쪽	39쪽	42쪽	12쪽	228쪽

수업은 '수업안' 을 중심으로 진행합니다. 각 과 수업에서 쓸 '악보' 와 '나누어 읽을 본문' 과 '참고자료' 와 '풀이' 와 '수업일지' 는 각각 따로 한데 묶어서 '수업안' 다음 차례대로 두었습니다. 특히 '서식' 은 필요한 경우에 잘라 내어 쓸 수도 있습니다. '서식' 에는 조모임 보고서와 각 과 공부 마무리 기도문과 몇 군데 특별한 작업의 결과를 적어 넣을 수 있습니다. 이런 점에서 이 교재는 부분적이나마 교과서이자 공책의 성격을 띱니다.

2. 교재에 사용된 기호

'수업안' 에서 쓰는 여러 기호의 뜻은 다음과 같습니다.
❁ 는 전체 모임을,
⇔는 전체 모임에서 바로 옆 사람과 이야기 나누는 경우를,
ꝏ는 각자 할 일을,
❖ 은 조별 모임을,
🔔 는 조별 모임의 결과 보고를,
📖 는 본문 읽기를,
✏는 과제를,
→는 어디를 보라는 표시입니다.

3. 교재의 성격

이 성경공부는 → '1.1.4. 참고자료: 과목 소개' 에서 밝혀 놓은 바와 같이 한글 성경을 중심으로 함께 찾은 본문의 중심 가르침을 우리 각자와 모두의 삶에서 실천하여 나와 우리의 삶이 달라짐을 겨냥합니다. 그런 만큼 이 성경공부에서는 본문을 자세히 깊이 주석하거나 설명하지 않습니다. 또한 함께 본문을 읽고 이야기 나누는 과정에서 생기는 여러 가지 궁금한 것들을 낱낱이 알아볼 수도 없습니다. 이런 점들을 널리 양해해 주시기 바랍니다. 본문을 더 깊이 이해하려는 분들은 그에 관한 전문 참고서나 강의를 참고하시기 바랍니다.

감사 말씀

악보를 사용하게 허락해 주신 한국찬송가공회와 채일손 목사님과 류형선 선생님께 깊이 감사드립니다. 또한 2009학년도 2학기에 이 교재의 초고를 교과서로 삼아 진행한 실험수업, '구약성경공부 5' 에서 말씀을 함께 공부하는 기쁨을 맛보면서 여러 가지 좋은 의견을 내 준 27명의 학생들(강순철, 계대윤, 권종민, 김동환, 김민호, 김성숙, 김형중, 남성경, 박요한, 석인복, 이혜천, 정명호, 조광윤, 최민혁, 김관수, 김무진, 김지현, 백순일, 손지목, 윤진영, 이민화, 정현미, 한기범, 김국희, 성신화, 장현준, 정진희)에게도 고마운 뜻을 전합니다.

2010년 2월

박동현·박봉수·이하준

목 차

:: 악보

:: 나누어 읽을 본문

:: 참고자료

:: 서식

:: 풀이

1. 과목 소개, 호세아·요엘·아모스 통틀어 보기

1.1. 인사 나누기와 과목 소개

☸ 1.1.1. 찬송가, "주의 말씀 듣고자"(1967년 판 개편찬송가 334장, → '1.1.1. 악보')를 다함께 배워 익힙니다.

⇔1.1.2. 각자 옆에 앉은 사람에게 이름, 학년, 이 과목 수업에서 기대하는 바, 이 수업에 임하는 마음가짐 등을 물어봅니다.

☸ 1.1.3. 그렇게 알아본 것을 밑바탕으로 하여 전체가 다 듣도록 돌아가면서 옆 사람을 소개합니다.

☸ 1.1.4. 과목 소개 (→ 1.1.4. 참고자료).

(1) 구약성경공부 과목 개설 과정과 목적

(2) 구약성경공부교재개발단의 구성과 운영

(3) 성경공부 원칙

① 본문 우선
② 학습자 중심
③ 전인성
④ 공동체성
⑤ 다양성
⑥ 공부방법 습득
⑦ 대중성

(4) 성경공부 지침

① 최종본문 중심
② 개역개정판
③ 30명 한정
④ 12주 과정
⑤ 본문의 특성에 따른 교재의 틀
⑥ 창의성 활용
⑦ 다양한 자료 활용

(5) 매주 공부와 교재의 틀

① 말씀을 향하여	② 말씀 속으로	③ 말씀과 함께
마음 열기	말씀 읽기	말씀 전하기
돌아보기	말씀 듣기	말씀대로 살기
생각하기	말씀 깨닫기	다짐하기

⇔1.1.5. 일정한 주제를 두고 서로 **함께 이야기 나눌 때** 조심할 점은 무엇일까요? 또 조모임에서 나눈 이야기를 **홀로 전체 앞에서 보고할 때** 조심할 점은 무엇일까요? (→ 1.1.5. 풀이)

☸ 1.1.6. 나눈 이야기를 조모임 기록자가 → '1.1.6. 서식' 에 적어 두었다가 전체 앞에서 짧게 보고하고 함께 정리합니다.

1.2. 호세아 · 요엘 · 아모스 통틀어 보기

1.2.1. 마음 열기

☸ 1.2.1.1. 기도찬송, "주님 우리의 마음을 여시어"(2006년 새 찬송가 637장, → '1.2.1.1. 악보')를 다함께 배워 익힙니다.

1.2.1.2. 묵상 기도

하나님이 이번 학기 이 과목을 통해 우리 각자와 전체에게 무엇을 가르치려 하시는지 각자 묵상하며 1분 정도 조용히 기도합니다.

1.2.2. 돌아보기

⇔호세아·요엘·아모스를 홀로서나 다른 사람들과 함께 공부하는 가운데 겪었던 좋은 경험이나 어려운 점을 두고 옆에 앉은 사람과 이야기 나누어 보십시다.

1.2.3. 생각하기

❖1.2.3.1. 여섯 사람씩 조를 이루어 다시 한 번 서로 인사 나눈 뒤에 조 이름, 오늘 조모임을 이끌 사람, 오늘 조모임 내용을 기록할 사람을 정하고, 아래 물음을 중심으로 이야기를 나눕니다(→ 1.2.3.1. 풀이).

(1) 호세아·요엘·아모스라는 책을 생각하면 무엇이 맨 먼저 떠오릅니까?

호세아 :
요 엘 :
아모스 :

(2) 우리말 성경에서 호세아·요엘·아모스는 구약성경의 이른바 소(小)예언서 또는 소(小)선지서라 불리는 열두 권의 책 가운데서 첫째, 둘째, 셋째 책입니다. 소예언서라는 이름이 붙은 까닭은 무엇일까요? 또 이 세 제목이 각 예언서의 내용에 잘 어울립니까?

(3) 호세아·요엘·아모스에서 중요한 주제는 무엇일까요? 생각나는 대로 한 가지씩만 이야기해 보십시다.

호세아 :
요 엘 :
아모스 :

1.2.3.2. 조별로 이야기한 것을 조모임 기록자가 → '1.2.3.2. 서식' 에 적어 두었다가 전체 앞에 보고하고 함께 정리합니다.

1.3. 마무리

❁ 1.3.1. 찬송가, "이 말씀 따라 사는 동안"(류형선 글·가락, → '1.3.1. 악보')을 다 함께 배워 익힙니다.

❁ 1.3.2. 기도

이번 한 학기 함께 호세아·요엘·아모스를 잘 공부하려면 우리 각자와 전체에게 무엇이 있어야 하는지 돌아가면서 한 가지씩 말하면서 조별로 공동 기도문을 이 책 뒤에 실린 → '1.3.2. 서식' 에 오늘의 조모임 기록자가 적습니다.

그런 다음에 오늘 조모임을 이끈 사람이 그 공동 기도문을 하나로 묶어 다 읽고 "예수님 이름으로 기도합니다. 아멘."이라고 하면, 다른 조의 사람들은 함께 기도찬송, "우리들의 소원을 들어주옵소서. 아멘."(채일손 글·가락, → '1.3.2. 악보')을 부름으로써 응답합니다.

1.4. 개인별 과제

아래 과제에 대한 답을 A4 한 쪽 분량으로 인터넷 클럽 …… 자료실에 …… 까지 올립니다.

(1) 호세아 1장 1-9절을 소리 내어 천천히 읽고 2-9절의 줄거리를 간추려 적어 봅시다.

(2) 호세아 1장 2-9절을 여러 번 읽고 거기서 새롭게 느낀 점이나 발견한 점을 짧게 적어 봅시다.

(3) 호세아 1장 2-9절은 2, 4, 6, 9절의 네 번에 걸쳐 하나님이 호세아에게 하신 말씀이 중심을 이루고, 그 뒤에 호세아가 순종한 결과를 알려 주는 식으로 되어 있어, 크게 2-3절, 4-6절 앞("고멜이 … 낳으매"), 6절 나머지-8절, 9절의 네 부분으로 나눌 수 있습니다. 다음 도표의 빈칸을 채우면서 호세아 1장 2-9절의 흐름과 짜임새를 알아봅시다.

여호와의 말씀 도입부	여호와의 말씀		호세아의 순종과 그 결과	
	명령	명령하시는 까닭	호세아	고멜
여호와께서 (…) 이르시되	①	①	①	①
	②	②	–	②
	③	③	–	③
	④	④	–	–

(4) 호세아 1장 2–9절에 자주 나오거나 중요하게 쓰인 낱말이나 표현을 찾아봅시다.

2. 호세아 1장 2-9절 공부

2.1. 말씀을 향하여

2.1.1. 마음 열기

☸ 2.1.1.1. 찬송가, "주의 말씀 듣고자"(1967년 판 개편찬송가 334장, → '1.1.1. 악보')를 함께 부릅니다.

✍ 2.1.1.2. 묵상기도
하나님이 나에게 이해하기 어렵거나 받아들이기 힘든 요구를 하실 때가 있었는지 돌이켜 보며 그 결과는 어떠했는지 생각하며 1분 정도 기도합니다.

2.1.2. 돌아보기

⇔ 지금까지 호세아서가 어떤 점에서 감동을 주었는지 옆 사람과 잠시 이야기를 나누어 봅시다.

2.1.3. 생각하기

⇔지난주 '1.4. 개인별 과제' 를 하다가 가장 새롭게 깨달은 점을 두고 옆 사람과 잠시 이야기를 나누어 봅시다.

2.2. 말씀 속으로

2.2.1. 말씀 읽기

🕮 두 사람이 앞에 나와서 → '2.2.1. 나누어 읽을 본문' 에서 나누어 적어 놓은 것을 보고 오늘 함께 공부할 호세아 1장 2-9절을 각각 ㈎ 해설자와 ㈏ 하나님의 역할을 맡아 큰 소리로 천천히 나누어 읽습니다. 다른 사람들은 성경을 보지 말고 잘 들어 봅시다.

2.2.2. 말씀 듣기

❖ 지난주 '1.4. 개인별 과제' 에서 (3)(4)를 함께 풀어 봅니다.

2.2.2.1. 호세아 1장 2-9절은 2, 4, 6, 9절의 네 번에 걸쳐 하나님이 호세아에게 하신 말씀이 중심을 이루고, 그 뒤에 호세아가 순종한 결과를 알려 주는 식으로 되어 있어, 크게 2-3절, 4-6절 앞("고멜이 … 낳으매"), 6절 나머지-8절, 9절의 네 부분으로

나눌 수 있습니다. 다음 도표의 빈칸을 채우면서 호세아 1장 2-9절의 흐름과 짜임새를 알아봅시다(→ 2.2.2.1. 풀이).

여호와의 말씀 도입부	여호와의 말씀		호세아의 순종과 그 결과	
	명령	명령하시는 까닭	호세아	고멜
여호와께서 (…) 이르시되	①	①	①	①
	②	②	–	②
	③	③	–	③
	④	④	–	–

(4) 호세아 1장 2-9절에 자주 나오거나 중요하게 쓰인 낱말이나 표현을 찾아봅시다(→ 2.2.2.2. 풀이).

2.2.3. 말씀 깨닫기

❖ 다음 두 물음을 참고하면서 호세아 1장 2-9절 전체의 가르침을 몇 가지 함께 찾아봅시다.

2.2.3.1. 하나님이 호세아 선지자에게 음란한 여자를 맞이하여 음란한 자식들을 낳으라고 하신 까닭은 무엇입니까?(→ 2.2.3.1. 풀이)

2.2.3.2. 그밖에도 본문에서 새롭게 깨달은 것이 있으면 이야기 나누어 보십시다.

🔔 2.2.3.3. 조모임에서 이야기 나눈 것을 조모임 기록자가 → '2.2.3.3. 서식' 에 적어 두었다가 전체 앞에서 짧게 보고하고 함께 정리합니다.

2.3. 말씀과 함께

☸ 찬송가, "십자가를 질 수 있나"(2006년 판 찬송가 461장, 가사는 아래에 있음)나 복음성가, "탕자처럼"(→ 2.3. 악보, 가사는 아래에도 있음)을 다함께 부릅니다.

"십자가를 질 수 있나"

1. 십자가를 질 수 있나 주가 물어보실 때
   죽기까지 따르오리 성도 대답하였다
   (후렴) 우리의 심령 주의 것이니 주님의 형상 만드소서
   주 인도 따라 살아갈 동안 사랑과 충성 늘 바치오리다
2. 너는 기억하고 있나 구원받은 강도를
   그가 회개하였을 때 낙원 허락받았다 (후렴)
3. 걱정 근심 어둔 그늘 너를 둘러 덮을 때
   주께 네 영 맡기겠나 최후 승리 믿으며 (후렴)
4. 이런 일 다할 수 있나 주가 물어보실 때
   용감한 자 바울처럼 선뜻 대답하리라 (후렴)

"탕자처럼"

1. 탕자처럼 방황-할 때도 애타게 기다리는
   부드런 주님의 음성이 내 맘을 녹이셨네
   오 주님 나 이제 갑니다 날 받아주소-서
   이제는 주님만 위하여 이 몸을 바치리다
2. 불순종한 요나와 같이도 방황하던 나에게
   따뜻한 주님의 손길이 내 손을 잡으셨네
   오 주님 나 이제 갑니다 날 받아주소-서
   이제는 주님만 위하여 이 생명 바치리다
3. 음탕한 저 고멜과 같이도 방황하던 나에게
   너그런 주님의 용서가 내 맘을 녹이셨네
   오 주님 나 이제 갑니다 날 받아주소-서
   이제는 주님만 위하여 죽도록 충성하리

2.3.1. 말씀 전하기

❖ 2.3.1.1. 호세아 1장 2-9절의 내용을 호세아 자신이 다른 사람에게 말하는 식으로 바꾸어 이야기해 봅시다.

🔔 2.3.1.2. 각 조에서 한 사람씩만 전체 앞에서 발표합니다.

2.3.2. 말씀대로 살기

2조와 4조는 아래 2.3.2.1.을, 1조와 3조와 5조는 2.3.2.2.를 맡아 해 봅시다. 시간이 있으면 두 문제 다를 두고 이야기 나누어 봅시다.

2.3.2.1. 오늘 호세아에게 주어진 하나님의 명령을 보면서 예언자의 삶은 어떠한 것인지 생각해 보고, 오늘 내가 하나님의 말씀을 전하는 사람으로서, 혹은 그리스도인으로서 어떤 삶을 살아야 할지 함께 이야기 나누어 봅시다.

2.3.2.2. 호세아와 고멜 사이에 태어난 3남매의 이름과 그 뜻을 살펴보면서 하나님이 우리 민족과 한국 교회를 향해 어떤 경고를 주고 계신지 함께 이야기 나누어 봅시다.

🔔 2.3.2.3. 조모임에서 이야기 나눈 것을 조모임 기록자가 → '2.3.2.3. 서식' 에 적어 두었다가 전체 앞에서 짧게 보고하고 함께 정리합니다.

◆ 읽어 볼 만한 글

한국인 최초의 전도자 노병일

[2009년 3월 22일자 국민일보 겨자씨 칼럼에 내리교회 김흥규 목사님이 '전도자 노병일' 이라는 제목으로 쓰신 글입니다]

노병일은 인천 최초의 한국인 전도자이다. 서산 출신으로 서울에서 예수를 믿은 그를 1887년 즈음 아펜젤러가 인천에 파송했다. 필묵행상(筆墨行商)으로 변장하여 글방이나 객주집을 전전하며 먹이나 붓을 파는 체하며 전도했다. 미친놈 취급을 받아 관가에 고발당하기 일쑤였고 급기야 경찰서장은 그에게 "전도를 금할 것과 이에 불응할 경우 타지로 퇴거하라" 는 명령을 내렸

다. 그럼에도 "전도는 나의 본분인 고로 전도하지 않을 수 없다" 고 버텼으나 개항장에서 30리쯤 떨어진 뱀내장터(지금의 소래면 신천리)에 모인 사람들에게 성경을 팔며 전도하다가 병졸들에게 구타당하여 거반 죽게 되었다. 이렇게 그는 주변의 질시와 관청의 탄압에도 불구하고 5~6년 동안 전도를 계속했고 이명숙과 나중에 한국 최초의 목사가 된 김기범을 첫 열매로 얻었다. 1890년 한국인의 손으로 건축된 최초의 자력 예배당인 회당 여섯 칸을 지었다. 실로 그는 한국의 스데반이요, 비록 피 흘려 죽은 적색 순교자는 아니었더라도 매 순간 주를 위해 죽을 각오를 하고 눈물과 땀을 아낌없이 쏟은 백색 순교자였던 것이다

2.3.3. 다짐하기

☸ 2.3.3.1. 다함께 찬송 "이 말씀 따라 사는 동안"(류형선 글·가락, → '1.3.1. 악보')을 부릅니다.

☸ 2.3.3.2. 오늘 공부한 내용을 생각하면서 각자의 다짐을 한 문장의 짧은 기도문으로 → '2.3.3.2. 서식' 에 적어 넣습니다. 그런 다음에 오늘 조모임을 이끈 사람이 그 공동 기도문을 하나로 묶어 다 읽고 "예수님 이름으로 기도합니다. 아멘."이라고 하면, 다른 조의 사람들은 함께 기도찬송, "우리들의 소원을 들어주옵소서. 아멘."(채일손 글·가락, → '1.3.2. 악보')을 부름으로써 응답합니다.

✐2.4.1. 개인별 과제

아래 과제에 대한 답을 A4 한 쪽 분량으로 인터넷 클럽 …… 자료실에 …… 까지 올립니다.

(1) 호세아 1장 2–9절 공부에서 깨달은 가르침을 한 주간 동안 묵상하고 실천하는 과정에서 느끼게 된 문제점이나 경험을 짤막하게 적어 봅시다.

(2) 호세아 1장 10절–2장 23절을 읽고 그 줄거리를 간추려 적어 봅시다.

(3) 호세아 3장 1–5절을 여러 번 읽고 거기서 새롭게 느낀 점이나 발견한 점을 짧게 적어 봅시다.

(4) 3장 1–5절은 크게 하나님이 호세아에게 하신 말씀이 들어 있는 1절, 그 말씀을 들은 호세아가 어떻게 했는지를 알려 주는 2–3절, 이스라엘의 자손의 고난과 회복을 말하는 4–5절의 세 부분으로 크게 나누어 볼 수 있습니다. 다음 도표의 빈칸에 해당하는 본문을 적어 넣으면서 호세아 3장 1–5절의 흐름과 짜임새를 알아봅시다.

<table>
<tr><td rowspan="4">하나님이
나에게 하신
말씀
(1절)</td><td>도입부분</td><td colspan="3"></td></tr>
<tr><td rowspan="3">하나님의
말씀</td><td>명령</td><td colspan="2"></td></tr>
<tr><td rowspan="2">명령의
근거</td><td>이스라엘 자손</td><td></td></tr>
<tr><td>하나님</td><td></td></tr>
<tr><td rowspan="3">나의 순종
(2–3절)</td><td>내가 한 일</td><td colspan="3"></td></tr>
<tr><td rowspan="2">그에게
말함</td><td>도입부분</td><td colspan="2"></td></tr>
<tr><td>한 말</td><td colspan="2"></td></tr>
<tr><td rowspan="2">이스라엘
자손의
고난과
회복(4–5절)</td><td>고난</td><td colspan="3"></td></tr>
<tr><td>회복</td><td colspan="3"></td></tr>
</table>

(5) 호세아 3장 1–5절에 자주 나오거나 중요하게 쓰인 낱말이나 표현을 찾아봅시다.

(6) 이러한 흐름과 짜임새, 또 중요하게 쓰인 낱말이나 표현을 중심으로 호세아 3장 1–5절에서 무엇을 말하려는지 생각해 봅시다.

2.4.2. 공동작업 과제

다섯 조 가운데 한 조가 아래 과제의 결과물을 인터넷 클럽 …… 자료실에 …… 까지 올리고, 다음 시간에 7-8분 동안 전체 앞에서 발표해 봅시다.

라디오 방송극 "호세아의 결혼과 출산" 만들어 해 보기

호세아 1장 2-9절의 내용을 밑바탕으로 삼고 약간의 상상력을 동원하여 호세아, 호세아의 아버지 브에리, 호세아의 어머니, 고멜, 이스르엘, 로루하마 여섯 사람이 등장하여 호세아의 결혼 이야기가 나돌 때부터 로암미가 태어나 이름을 정하기까지 이르는 이야기를 다음 과정을 거쳐 길이 7-8분 정도의 라디오 방송극으로 만들어 해 보십시다.

(1) 호세아 1장 2-9절 본문을 현대어로 쉽게 바꾸어 써 봅니다.

(2) 해설자, 호세아, 브에리, 브에리의 아내, 고멜, 이스르엘, 로루하마의 여섯 등장인물이 각자 할 대사를 정합니다.

(3) 각 등장인물의 대사를 읽을 사람을 정합니다.

(4) 효과음을 준비합니다.

(5) 연습을 통해서 대사와 효과음 등을 수정보완합니다.

3. 호세아 3장 1-5절 공부

3.1. 말씀을 향하여

3.1.1. 마음 열기

☸ 3.1.1.1. 찬송가, “주님의 귀한 말씀은”(1983년 판 찬송가 238장, → ‘3.1.1. 악보’) 을 다함께 부릅니다.

Ꮷ 3.1.1.2. 묵상기도

과거에는 비록 잘못된 삶을 살았지만 주변의 꾸준한 기도와 도움으로 새로운 삶을 찾게 된 경험이 있거나 그런 사람을 안다면 묵상하며 1분 정도 조용히 기도합니다.

3.1.2. 돌아보기

☸ 3.1.2.1. 지난주 '2.4.2. 공동작업 과제'를 맡은 조가 10분 동안 라디오 방송극 "호세아의 결혼과 출산"을 전체 앞에서 발표합니다. 그런 다음에 발표를 준비한 조에서 한두 사람이 준비과정에서 느낀 점을 간단히 말하고, 다른 조에 속한 사람들 가운데 한두 사람이 라디오 방송극을 들은 느낌을 말합니다.

⇔3.1.2.2. 지난주 공부에서 깨달은 바를 통해 나와 우리의 삶이 어떻게 얼마나 달라졌는지 잠시 옆 사람과 이야기 나누어 봅시다.

3.1.3. 생각하기

⇔3.1.3.1. 지난주 '2.4.1. 개인별 과제'를 하다가 가장 새롭게 깨달은 점을 두고 옆 사람과 잠시 이야기를 나누어 봅시다.

☸ 3.1.3.2. 앞 3.1.2.2.와 3.1.3.1.에서 나눈 이야기를 한두 사람이 전체 앞에서 짤막하게 보고합니다.

3.2. 말씀 속으로

3.2.1. 말씀 읽기

🕮 세 사람이 앞에 나와서 → '3.2.1. 나누어 읽을 본문' 에 적힌 대로, 오늘 함께 공부할 호세아 3장 1–5절을 ㈎ 1절, ㈏ 2–3절, ㈐ 4–5절의 세 부분으로 나누어 큰 소리로 천천히 나누어 읽고 다른 사람들을 이를 잘 들어 봅시다.

3.2.2. 말씀 듣기

❖ 지난주 '2.4.1. 개인별 과제' 에서 (4)(5)(6)을 함께 풀어 봅니다.

3.2.2.1. 3장 1–5절은 크게 하나님이 호세아에게 하신 말씀이 들어 있는 1절, 그 말씀을 들은 호세아가 어떻게 했는지를 알려 주는 2–3절, 이스라엘의 자손의 고난과 회복을 말하는 4–5절의 세 부분으로 크게 나누어 볼 수 있습니다. 다음 도표의 빈칸에 해당하는 본문을 적어 넣으면서 호세아 3장 1–5절의 흐름과 짜임새를 알아봅시다(→ 3.2.2.1. 풀이).

<table>
<tr><td rowspan="4">하나님이
나에게 하신
말씀
(1절)</td><td>도입부분</td><td colspan="3"></td></tr>
<tr><td rowspan="3">하나님의
말씀</td><td>명령</td><td colspan="2"></td></tr>
<tr><td rowspan="2">명령의
근거</td><td>이스라엘 자손</td><td></td></tr>
<tr><td>하나님</td><td></td></tr>
<tr><td rowspan="3">나의 순종
(2–3절)</td><td>내가 한 일</td><td colspan="3"></td></tr>
<tr><td rowspan="2">그에게
말함</td><td>도입부분</td><td colspan="2"></td></tr>
<tr><td>한 말</td><td colspan="2"></td></tr>
<tr><td rowspan="2">이스라엘
자손의
고난과
회복(4–5절)</td><td>고난</td><td colspan="3"></td></tr>
<tr><td>회복</td><td colspan="3"></td></tr>
</table>

3.2.2.2. 호세아 3장 1–5절에 자주 나오거나 중요하게 쓰인 낱말이나 표현을 찾아봅시다(→ 3.2.2.2. 풀이).

3.2.2.3. 이러한 흐름과 짜임새, 또 중요하게 쓰인 낱말이나 표현을 중심으로 호세아 3장 1–5절에서 무엇을 말하려는지 생각해 봅시다(→ 3.2.2.3. 풀이).

3.2.3. 말씀 깨닫기

❖ 호세아 3장 1-5절의 가르침을 몇 가지 함께 찾아봅시다.

3.2.3.1. 호세아 3장 1-5절에서 하나님이 호세아에게 음녀가 된 고멜을 사 오도록 하신 까닭은 무엇입니까?

3.2.3.2. 그밖에도 본문에서 새롭게 깨달은 것이 있으면 이야기 나누어 보십시다.

🔔 3.2.3.3. 조모임에서 이야기 나눈 것을 조모임 기록자가 → '3.2.3.3. 서식' 에 적어 두었다가 전체 앞에서 짧게 보고하고 함께 정리합니다.

3.3. 말씀과 함께

❁ 찬송가, "세상의 헛된 신을 버리고"(2006년 판 찬송가 322장→ '3.3. 악보')를 다함께 부릅니다.

3.3.1. 말씀 전하기

❖ 3.3.1.1. 호세아 3장 1-5절의 내용을 각자 아직 하나님을 전혀 모르는 사람이나 예수 믿은 지 그리 오래되지 않아 호세아를 아직 읽어 본 적이 없는 사람에게 알려 주는 전자우편 형식의 글로 바꾸어 → '3.3.1.1. 서식' 에 간단히 적은 다음에 조모임에서

읽어 봅니다. 할 수 있으면 이 시간에 직접 전자우편을 보내 봅시다.

🔔 3.3.1.2. 조마다 한 편의 글을 골라 전체 앞에서 소개합니다.

3.3.2. 말씀대로 살기

❖ 3.3.2.1. 호세아 당시의 북왕국 백성처럼 물신주의(物神主義)에 빠져 하나님을 배반하고 있는 믿음의 공동체(가정, 개 교회, 선교단체, 한국 교회, 세계 교회, …)를 하나님은 여전히 사랑하신다는 사실을 우리가 우리의 삶에서 어떻게 드러낼 수 있을지 이야기 나누어 보십시다.

🔔 3.3.2.2. 조모임에서 이야기 나눈 것을 조모임 기록자가 → '3.3.2.2. 서식' 에 적어 두었다가 전체 앞에서 짧게 보고하고 함께 정리합니다.

◆ 읽어 볼 만한 글

해진 옷을 깁듯이

[2009년 7월 12일자 국민일보 겨자씨 칼럼에 내리교회 김흥규 목사님이 쓰신 글입니다]

4세기에 활동한 사막의 수도사 벨로스의 압바 미오스(Abba Mios of Belos)에게 한 군인이 질문을 던졌다. "하나님이 정말 죄인을 용서하실까요?" 이 늙은 수사는 한참 동안 용서에 대해 설명한 뒤 그 젊은이에게 되물었다. "자네의 외투가 찢어졌을 때 자네는 그 옷을 금방 버리는가?" "아닙니다. 깁거나 꿰매서 다시 입지요." 이때 미오스가 조용히 말했다. "자네가 찢어진 옷도 버리지 않고 소중히 여긴다면 하물며 하나님께서 비록 죄인이라 할지라도 당신의 자녀를 얼마나

아끼시겠는가?"

옳다. 해지거나 뚫어진 옷도 깁거나 꿰매어 다시 쓸 수 있다. 하물며 하나님의 형상을 지닌 인간은 말해서 무엇하랴. 죄로 인해 일시적인 손상을 입었다고 할지라도 하나님은 기어코 용서하시고, 다시 귀중히 쓰신다. "상한 갈대를 꺾지 아니하며 꺼져 가는 등불을 끄지 아니하고"(사 42: 3).

3.3.3. 다짐하기

☸ 3.3.3.1. 다함께 찬송 "이 말씀 따라 사는 동안"(류형선 글·가락, → '1.3.1. 악보')을 부릅니다.

☸3.3.3.2. 오늘 공부한 내용을 생각하면서 각자의 다짐을 한 문장의 짧은 기도문으로 → '3.3.3.2. 서식' 에 적어 넣습니다. 그런 다음에 오늘 조모임을 이끈 사람이 그 공동 기도문을 하나로 묶어 다 읽고 "예수님 이름으로 기도합니다. 아멘."이라고 하면, 다른 조의 사람들은 함께 기도찬송, "우리들의 소원을 들어주옵소서. 아멘."(채일손 글·가락, → '1.3.2. 악보')을 부름으로써 응답합니다.

✎3.4. 개인별 과제

아래 과제에 대한 답을 A4 한 쪽 분량으로 인터넷 클럽 …… 자료실에 …… 까지 올립니다.

(1) 호세아 3장 1-5절 공부에서 깨달은 가르침을 한 주간 동안 묵상하고 실천하는 과정에서 느끼게 된 문제점이나 경험을 짤막하게 적어 봅시다.

(2) 호세아 4장 1절-5장 15절을 읽고 그 줄거리를 간추려 적어 봅시다.

(3) 호세아 6장 1-6절을 여러 번 읽고 거기서 새롭게 느낀 점이나 발견한 점을 짧게 적어 봅시다.

(4) 호세아 6장 1-6절은 하나님의 백성이 서로에게 하는 말인 1-3절과 하나님이 그들에게 직접 하시거나 그들을 두고 하시는 말씀인 4-6절의 두 부분으로 크게 나눌 수 있습니다. 아래 빈 칸에 해당 본문을 그대로나 간추려서 적어 넣으면서 호세아 6장 1-6절의 흐름과 짜임새를 알아봅시다.

<table>
<tr><td rowspan="4">백성끼리
하는 말
(1–3절)</td><td>첫 다짐</td><td></td></tr>
<tr><td>첫 다짐의 근거</td><td></td></tr>
<tr><td>둘째 다짐</td><td></td></tr>
<tr><td>둘째 다짐의 근거</td><td></td></tr>
<tr><td rowspan="3">하나님의
말씀
(4–6절)</td><td>백성에게 하시는 한탄</td><td></td></tr>
<tr><td>백성에게 하신 심판</td><td></td></tr>
<tr><td>백성에게 바라시는 것</td><td></td></tr>
</table>

(5) 호세아 6장 1–6절에 자주 나오거나 중요하게 쓰인 낱말이나 표현을 찾아봅시다.

(6) 이러한 흐름과 짜임새, 또 중요하게 쓰인 낱말이나 표현을 중심으로 호세아 6장 1–6절에서 무엇을 말하려는지 생각해 봅시다.

4. 호세아 6장 1-6절 공부

4.1. 말씀을 향하여

4.1.1. 마음 열기

☸ 4.1.1.1. 찬송가, "주의 말씀 듣고자"(1967년 판 개편찬송가 334장, → '1.1.1. 악보')를 함께 부릅니다.

ꝭ 4.1.1.2. 묵상기도

진정한 회개 없이 하나님의 용서를 기대한 적이 있는지 되돌아보면서 1분 정도 조용히 기도합니다.

4.1.2. 돌아보기

⇔ 4.1.2.2. 지난주 공부에서 깨달은 바를 통해 나와 우리의 삶이 어떻게 얼마나 달라졌는지 잠시 옆 사람과 이야기 나누어 봅시다.

4.1.3. 생각하기

⇔4.1.3.1. 지난주 '3.4. 개인별 과제'를 하다가 가장 새롭게 깨달은 점을 두고 옆 사람과 잠시 이야기를 나누어 봅시다.

☸ 4.1.3.2. 앞 4.1.3.1.에서 나눈 이야기를 한두 사람이 전체 앞에서 짤막하게 보고 합니다.

4.2. 말씀 속으로

4.2.1. 말씀 읽기

🕮 두 사람이 앞에 나와서 각각 이스라엘 백성과 하나님의 역할을 맡아 → '4.2.1. 나누어 읽을 본문'에 적힌 바를 따라 오늘 함께 공부할 호세아 6장 1-6절을 큰 소리로 천천히 나누어 읽고, 다른 사람들은 잘 듣습니다.

4.2.2. 말씀 듣기

❖ 지난주의 '3.4.1. 개인별 과제'에서 (4)(5)(6)을 함께 풀어 봅니다.

4.2.2.1. 호세아 6장 1–6절은 하나님의 백성이 서로에게 하는 말인 1–3절과 하나님이 그들에게 직접 하시거나 그들을 두고 하시는 말씀인 4–6절의 두 부분으로 크게 나눌 수 있습니다. 아래 빈 칸에 해당 본문을 그대로나 간추려서 적어 넣으면서 호세아 6장 1–6절의 흐름과 짜임새를 알아봅시다(→ 4.2.2.1. 풀이).

백성끼리 하는 말 (1–3절)	첫 다짐	
	첫 다짐의 근거	
	둘째 다짐	
	둘째 다짐의 근거	
하나님의 말씀 (4–6절)	백성에게 하시는 한탄	
	백성에게 하신 심판	
	백성에게 바라시는 것	

4.2.2.2. 호세아 6장 1–6절에 자주 나오거나 중요하게 쓰인 낱말이나 표현을 찾아봅시다(→ 4.2.2.2. 풀이).

4.2.2.3. 이러한 흐름과 짜임새, 또 중요하게 쓰인 낱말이나 표현을 중심으로 호세아 6정 1-6절에서 무엇을 말하려는지 생각해 봅시다(→ 4.2.2.3. 풀이).

4.2.3. 말씀 깨닫기

❖ 다음 여러 물음을 중심으로 호세아 6장 1-6절의 가르침을 몇 가지 함께 찾아봅시다.

4.2.3.1. 1-3절에 나온 이스라엘 백성의 말은 얼핏 보면 아주 좋은 믿음에서 나온 것처럼 보입니다. 하지만 이 말은 실은 진정성이 의심되는 상투적인 말에 불과합니다. 그 근거가 무엇이라고 생각하십니까?

4.2.3.2. 하나님이 이스라엘 백성들의 말을 부정하고 심판을 선언하신 까닭은 무엇입니까?

4.2.3.3. 그밖에도 본문에서 새롭게 깨달은 것이 있으면 이야기 나누어 보십시다.

🔔 4.2.3.4. 조모임에서 이야기 나눈 것을 조모임 기록자가 → '4.2.3.4. 서식' 에 적어 두었다가 전체 앞에서 짧게 보고하고 함께 정리합니다.

4.3. 말씀과 함께

❁ 찬송가, "인애하신 구세주여"(2006년 판 찬송가 279장, 가사는 아래에 있음)를 다함께 부릅니다.

1. 인애하신 구세주여 내가 비오니
   죄인 오라 하실 때에 날 부르소서
   (후렴) 주여 주여 내가 비오니
   죄인 오라 하실 때에 날 부르소서
2. 자비하신 보좌 앞에 꿇어 엎드려
   자복하고 회개하니 믿음 주소서 (후렴)
3. 주의 공로 의지하여 주께 가오니
   상한 맘을 고치시고 구원하소서 (후렴)
4. 만복 근원 우리 주여 위로하소서
   우리 주와 같으신 이 어디 있을까 (후렴) 아멘

4.3.1. 말씀 전하기

❖ 4.3.1.1. 자신이 하나님께 저지른 잘못을 어느 정도 알고, 그 때문에 자기에게 이런저런 어려움이 닥친 것도 알아 나름대로는 하나님께 회개한다고 하는데 상황이 나아지지 않는다고 불평하는 개인이나 공동체에게 호세아 6장 1-6절과 관련 구절들을 근거로 무슨 말을 어떻게 할 수 있을지 이야기 나누어 봅시다.

🔔 4.3.1.2. 조모임에서 이야기 나눈 것을 조모임 기록자가 → '4.3.1.2. 서식' 에 적어 두었다가 전체 앞에서 짧게 보고하고 함께 정리합니다.

4.3.2. 말씀대로 살기

❖ 4.3.2.1. 각 자의 형편에 따라 두 가지 문제 가운데 하나를 두고 이야기를 나누어 봅시다.

(1) 나 자신이나 내가 속한 믿음의 공동체가 하나님께 범죄하여 어려움을 겪고 있지 않은지 돌이켜 봅시다. 이런 때에 나 자신이나 공동체가 할 일이 무엇일까요?

(2) 나 자신이나 내가 속한 믿음의 공동체가 하나님께 범죄하여 어려움을 겪게 될 때에 나 자신이나 공동체가 할 일이 무엇일까요?

🔔 4.3.2.2. 각 조에서 이야기 나눈 것을 조모임 기록자가 → '4.3.2.2. 서식' 에 적어 두었다가 전체 앞에서 짧게 발표하고 정리합니다.

◆ 읽어 볼 만한 글

톨스토이, "돌과 두 여인"

[2001년 12월 4일자 국민일보 겨자씨 칼럼에 승동교회 박상훈 목사님이 '돌멩이로 깨달은 죄' 라는 제목으로 쓰신 글입니다]

어느 날 두 여인이 노 수도사에게 가르침을 받기 위해서 찾아왔습니다. 노 수도사는 두 여인에게 참회의 고백을 시켰습니다.

첫째 여인은 눈물을 흘리며 자신이 큰 죄인임을 고백했지만, 둘째 여인은 자기는 지금껏 도덕적으로 살아왔기 때문에 참회할 만한 것이 없다고 말했습니다. 노 수도사는 첫째 여인에게는 큰 돌을 하나 구해 오라고 하고 둘째 여인에게는 작은 돌들을 많이 구해 오라고 했습니다. 그런 뒤에 노 수도사는 주워 온 돌들을 다시 본래의 자리에 두고 오라고 했습니다.

첫째 여인은 돌이 하나였기 때문에 금방 두고 올 수 있었습니다. 그러나 둘째 여인은 한두 개는 어디서 주워 왔는지 알아도 그 나머지는 기억나지 않아 헤매었습니다. 그 모습을 보면서 노 수도사는 이렇게 말했습니다. "죄가 바로 그런 것입니다. 그리고 죄에 대한 고백도 그렇습니다."

죄에 대해서 민감해집시다. 죄에 민감한 사람만이 은혜의 필요성을 더욱 깊이 깨닫게 되고 하나님의 은혜에 깊이 감사할 수 있기 때문입니다.

4.3.3. 다짐하기

☸ 다함께 찬송 "이 말씀 따라 사는 동안"(류형선 글·가락, → '1.3.1. 악보')을 부릅니다.

☸ 4.3.3.2. 오늘 공부한 내용을 생각하면서 각자의 다짐을 한 문장의 짧은 기도문으로 → '4.3.3.2. 서식' 에 적어 넣습니다. 그런 다음에 오늘 조모임을 이끈 사람이 그 공동 기도문을 하나로 묶어 다 읽고 "예수님 이름으로 기도합니다. 아멘."이라고 하면, 다른 조의 사람들은 함께 기도찬송, "우리들의 소원을 들어주옵소서. 아멘."(채일손 글·가락, → '1.3.2. 악보')을 부름으로써 응답합니다.

4.4. 개인별 과제

아래 과제에 대한 답을 A4 한 쪽 분량으로 인터넷 클럽 …… 자료실에 …… 까지 올립니다.

(1) 호세아 6장 1–6절 공부에서 깨달은 가르침을 한 주간 동안 묵상하고 실천하는 과정에서 느끼게 된 문제점이나 경험을 짤막하게 적어 봅시다.

(2) 호세아 6장 7절–10장 15절을 읽고 그 줄거리를 간추려 적어 봅시다.

(3) 호세아 11장 1–9절을 여러 번 읽고 거기서 새롭게 느낀 점이나 발견한 점을 짧게 적어 봅시다.

(4) 호세아 11장 1–9절은 하나님이 에브라임을 두고 말씀하시는 1–7절과 에브라임에게 직접 말씀하시는 8–9절의 두 부분으로 크게 나눌 수 있습니다. 아래 도표의 빈칸에 각 부분의 내용을 간추려 적어 넣으면서 호세아 11장 1–9절의 흐름과 짜임새를 알아봅시다.

<table>
<tr><td rowspan="5">하나님이
에브라임을
두고 하시는
말씀
(1–7)</td><td>베푸신 은혜(1)</td><td colspan="2"></td></tr>
<tr><td>백성의 배신(2–3)</td><td colspan="2"></td></tr>
<tr><td>베푸신 은혜(4)</td><td colspan="2"></td></tr>
<tr><td rowspan="2">지금 백성의 죄와
그들에게 닥칠 재난(5–7)</td><td>죄</td><td></td></tr>
<tr><td>재난</td><td></td></tr>
<tr><td rowspan="4">하나님이
에브라임에게
하시는 말씀
(8–9)</td><td rowspan="2">사랑의 탄식(8)</td><td colspan="2"></td></tr>
<tr><td colspan="2"></td></tr>
<tr><td rowspan="2">사랑의 약속(9)</td><td>약속의 내용</td><td></td></tr>
<tr><td>약속의 내용</td><td></td></tr>
</table>

(5) 호세아 11장 1–9절에 자주 나오거나 중요하게 쓰인 낱말이나 표현을 찾아봅시다.

(6) 이러한 흐름과 짜임새, 또 중요하게 쓰인 낱말이나 표현을 중심으로 호세아 11장 1–9절에서 무엇을 말하려는지 생각해 봅시다.

5. 호세아 11장 1–9절 공부

5.1. 말씀을 향하여

5.1.1. 마음 열기

❁ 5.1.1.1. 찬송가, "사랑의 하늘 아버지"(1983년 판 찬송가 239장, → '5.1.1.1. 악보')를 다함께 부릅니다.

✎ 5.1.1.2. 묵상기도

놀라운 은혜를 베푸시는 하나님을 배신하고서도 하나님께 돌아가려고 하지 않는 개인이나 신앙 공동체가 우리 가운데나 둘레에 있는지, 그런 개인이나 공동체를 붙들고 끝까지 씨름하시는 하나님을 생각해 보면서 1분 정도 조용히 기도합니다.

5.1.2. 돌아보기

⇔5.1.2.1. 지난주 공부에서 깨달은 바를 통해 나와 우리의 삶이 어떻게 얼마나 달라졌는지 잠시 옆 사람과 이야기 나누어 봅시다.

5.1.3. 생각하기

⇔5.1.3.1. 지난주 '5.4.1. 개인별 과제' 를 하다가 가장 새롭게 깨달은 점을 두고 옆 사람과 잠시 이야기를 나누어 봅시다.

☸ 5.1.3.2. 앞 5.1.3.1.에서 나눈 이야기를 한두 사람이 전체 앞에서 짧게 보고합니다.

5.2. 말씀 속으로

5.2.1. 말씀 읽기

🕮 세 사람이 앞에 나와서 → '5.2.1. 나누어 읽을 본문' 에 적힌 바를 따라 오늘 함께 공부할 호세아 11장 1–9절을 ㈎ 1–4절, ㈏ 5–7절, ㈐ 8–9절의 세 부분으로 나누어 큰 소리로 천천히 읽고 다른 사람들은 잘 들어 봅시다.

5.2.2. 말씀 듣기

❖ 지난주 '5.4.1. 개인별 과제' 에서 (4)(5)(6)을 함께 풀어 봅니다.

5.2.2.1. 호세아 11장 1-9절은 하나님이 에브라임을 두고 말씀하시는 1-7절과 에브라임에게 직접 말씀하시는 8-9절의 두 부분으로 크게 나눌 수 있습니다. 아래 도표의 빈칸에 각 부분의 내용을 간추려 적어 넣으면서 호세아 11장 1-9절의 흐름과 짜임새를 알아봅시다(→ 5.2.2.1. 풀이).

<table>
<tr><td rowspan="5">하나님이
에브라임을
두고 하시는
말씀
(1-7)</td><td>베푸신 은혜(1)</td><td colspan="2"></td></tr>
<tr><td>백성의 배신(2-3)</td><td colspan="2"></td></tr>
<tr><td>베푸신 은혜(4)</td><td colspan="2"></td></tr>
<tr><td rowspan="2">지금 백성의 죄와
그들에게 닥칠 재난(5-7)</td><td>죄</td><td></td></tr>
<tr><td>재난</td><td></td></tr>
<tr><td rowspan="4">하나님이
에브라임에게
하시는 말씀
(8-9)</td><td rowspan="2">사랑의 탄식(8)</td><td colspan="2"></td></tr>
<tr><td colspan="2"></td></tr>
<tr><td rowspan="2">사랑의 약속(9)</td><td>약속의 내용</td><td></td></tr>
<tr><td>약속의 내용</td><td></td></tr>
</table>

5.2.2.2. 호세아 11장 1-9절에 자주 나오거나 중요하게 쓰인 낱말이나 표현을 찾아 봅시다(→ 5.2.2.2. 풀이).

5.2.2.3. 이러한 흐름과 짜임새, 또 중요하게 쓰인 낱말이나 표현을 중심으로 호세아 11장 1-9절에서 무엇을 말하려는지 생각해 봅시다(→ 5.2.2.3. 풀이).

5.2.3. 말씀 깨닫기

❖ 5.2.3.1. 호세아 11장 1-9절의 가르침을 몇 가지 함께 찾아봅시다.

🔔 5.2.3.2. 조모임에서 이야기 나눈 것을 조모임 기록자가 → '5.2.3.2. 서식'에 적어 두었다가 전체 앞에서 짧게 보고하고 함께 정리합니다.

5.3. 말씀과 함께

❁ 찬송가, "어서 돌아오오"(2006년 판 찬송가 527장, 가사는 아래에 있음)를 다함께 부릅니다.

1. 어서 돌아오오 어서 돌아만 오오
   지은 죄가 아무리 무겁고 크기로
   주 어찌 못 담당하고 못 받으시리요
   우리 주의 넓은 가슴은 하늘보다 넓고 넓어

2. 어서 돌아오오 어서 돌아만 오오
우리 주는 날마다 기다리신다오
밤마다 문 열어 놓고 마음 졸이시며
나간 자식 돌아오기만 밤새 기다리신다오

3. 어서 돌아오오 어서 돌아만 오오
채찍 맞아 아파도 주님의 손으로
때리시고 어루만져 위로해 주시는
우리 주의 넓은 품으로 어서 돌아오오 어서

5.3.1. 말씀 전하기

❖ 5.3.1.1. 오늘 본문에 나온 내용을 아직 진심으로 하나님께 돌아갈 마음이 별로 없는 이스라엘 백성의 처지에서 자신이 겪은 바를 풀어 이야기하는 형식으로 바꾸어 말해 봅시다.

❁ 5.3.1.2. 앞 5.3.1.1.에서 나눈 이야기를 한두 사람이 전체 앞에서 짧게 보고합니다.

5.3.2. 말씀대로 살기

❖ 5.3.2.1. 말로는 열심히 하나님을 섬긴다는 오늘 한국 교회 전체와 우리 각자가 섬기는 개 교회의 삶에서 실제로는 하나님을 멀리하고 하나님에게서 물러가는 모습이 없는지, 이런 모습을 보시는 하나님의 마음이 어떠할지 이야기 나누어 봅시다.

🔔 5.3.2.2. 조모임에서 이야기 나눈 것을 조모임 기록자가 → '5.3.2.2. 서식' 에 적어 두었다가 전체 앞에서 짧게 보고하고 함께 정리합니다.

◆ 읽어 볼 만한 글

본회퍼의 회개

[2008년 11월 14일자 국민일보 겨자씨 칼럼에 대전 늘사랑침례교회 정승룡 목사님이 쓰신 글입니다]

독일의 설교가요 신학자인 디트리히 본회퍼는 히틀러의 독재정권을 붕괴시키기 위해 일생을 바쳐 투쟁했던 사람이다. 그는 용감하게 설교했다.

"어느 미친 운전사가 차를 몰고 있습니다. 그는 전진하면서 많은 교통사고를 일으키며 달리고 있습니다. 당신이 그 자리에 있었고 만일 기독교인이라면 쫓아다니며 치료만 해 주고 기도만 해 주겠습니까? 아니면 미친 운전사를 끌어내리겠습니까?"

히틀러가 이러한 예언적 설교자를 그대로 놓아둘 리 없었다. 핍박을 받고 투옥된 본회퍼는 결국 사형을 당하고 만다.

그런데 그가 죽음 직전에 환상을 보고 남겼다는 일화가 하나 전해 오고 있다.

이 재판장이 되시고 자신의 원수인 히틀러가 심판대에 서 있었다고 한다. 하나님은 엄중히 판정하셨다. "너 히틀러는 그동안 많은 사람을 괴롭히고 무고한 피를 많이 흘리게 했으니 지옥으로 가서 고통을 받아야 한다."

이때 히틀러가 부르짖었다. "하나님, 저는 죽어서 이러한 세계가 있는 줄을 알지 못했습니다. 만일 알았다면 저는 그러한 죄를 범하지 않았을 것입니다. 그런데 누구 하나 저에게 이런 것을 알려 주지 않았고 또 전도하는 자도 없었습니다."

그 순간 본회퍼는 가슴을 치며 회개했다고 한다. "주님, 저는 그 영혼을 불쌍히 여겨 전도할 생각은 미처 못 했습니다. 그를 끌어내리려고만 했지 전도하려고는 생각도 하지 않았습니다."

5.3.3. 다짐하기

☸ 5.3.3.1. 다함께 찬송 "이 말씀 따라 사는 동안"(류형선 글·가락, → '1.3.1. 악보')을 부릅니다.

☸ 5.3.3.2. 오늘 공부한 내용을 생각하면서 각자의 다짐을 한 문장의 짧은 기도문으로 → '5.3.3.2. 서식' 에 적어 넣습니다. 그런 다음에 오늘 조모임을 이끈 사람이 그 공동 기도문을 하나로 묶어 다 읽고 "예수님 이름으로 기도합니다. 아멘."이라고 하면, 다른 조의 사람들은 함께 기도찬송, "우리들의 소원을 들어주옵소서. 아멘."(채일손 글·가락, → '1.3.2. 악보')을 부름으로써 응답합니다.

✎5.4. 개인별 과제

아래 과제에 대한 답을 A4 한 쪽 분량으로 인터넷 클럽 …… 자료실에 …… 까지 올립니다.

(1) 호세아 11장 1-9절 공부에서 깨달은 가르침을 한 주간 동안 묵상하고 실천하는 과정에서 느끼게 된 문제점이나 경험을 짤막하게 적어 봅시다.

(2) 호세아 11장 10절-13장 16절을 읽고 그 줄거리를 간추려 적어 봅시다.

(3) 호세아 14장 1–9절을 여러 번 읽고 거기서 새롭게 느낀 점이나 발견한 점을 짧게 적어 봅시다.

(4) 호세아 14장 1–9절은 예언자가 백성에게 하는 권유인 1–3절, 하나님이 백성의 회복을 두고 하시는 말씀인 4–8절, 예언자의 맺음말인 9절의 세 부분으로 크게 나눌 수 있습니다. 아래 도표의 빈 칸에 본문에서 해당되는 부분을 찾아 그대로나 간추려 적어 넣으면서 호세아 14장 1–9절의 흐름과 짜임새를 살펴봅시다.

<table>
<tr><td rowspan="6">백성에게
하는
예언자의
권유
(1–3)</td><td rowspan="2">권유의
말(1)</td><td>권유(1전)</td><td colspan="2"></td></tr>
<tr><td>까닭(1후)</td><td colspan="2"></td></tr>
<tr><td rowspan="4">하나님께
아뢸 말을
가르침
(2–3)</td><td>도입부(2전)</td><td colspan="2"></td></tr>
<tr><td rowspan="3">아뢸 말
(2후–3)</td><td>기도(2후)</td><td></td></tr>
<tr><td>다짐(3전)</td><td></td></tr>
<tr><td>신뢰고백(3후)</td><td></td></tr>
<tr><td rowspan="6">백성을
두고
하나님이
하시는
말씀
(4–8)</td><td rowspan="3">회복 약속
(4–5전)</td><td>약속(4전)</td><td colspan="2"></td></tr>
<tr><td>까닭(4후)</td><td colspan="2"></td></tr>
<tr><td>약속(5전)</td><td colspan="2"></td></tr>
<tr><td rowspan="3">결과
(5후–8)</td><td>번영(5후–7)</td><td colspan="2"></td></tr>
<tr><td>고백(8전)</td><td colspan="2"></td></tr>
<tr><td>나의 말(8후)</td><td colspan="2"></td></tr>
<tr><td>예언자의
맺음말(9)</td><td colspan="4"></td></tr>
</table>

(5) 호세아 14장 1–9절에 자주 나오거나 중요하게 쓰인 낱말이나 표현을 찾아봅시다.

(6) 이러한 흐름과 짜임새를 중심으로 호세아 14장 1–9절에서 무엇을 말하려는지 생각해 봅시다.

6. 호세아 14장 1-9절 공부

6.1. 말씀을 향하여

6.1.1. 마음 열기

❁ 6.1.1.1. 찬송가, "주의 말씀 듣고자"(1967년 판 개편찬송가 334장, → '1.1.1. 악보')를 함께 부릅니다.

✐ 6.1.1.2. 묵상기도
하나님을 믿는다고 했지만 실제로는 하나님을 떠나 있다가 교역자나 선배의 권유로 하나님께 돌아온 적이 있는지 돌이켜 보면서 1분 정도 조용히 기도합니다.

6.1.2. 돌아보기

⇔6.1.2.1. 지난주 공부에서 깨달은 바를 통해 나와 우리의 삶이 어떻게 얼마나 달라졌는지 잠시 옆 사람과 이야기 나누어 봅시다.

6.1.3. 생각하기

⇔6.1.3.1. 지난주 '5.4.1. 개인별 과제'를 하다가 가장 새롭게 깨달은 점을 두고 옆 사람과 잠시 이야기를 나누어 봅시다.

☸ 6.1.3.2. 앞 6.1.3.1.에서 나눈 이야기를 한두 사람이 전체 앞에서 짤막하게 보고합니다.

6.2. 말씀 속으로

6.2.1. 말씀 읽기

🕮 한 조의 세 사람이 앞에 나와서 → '6.2.1. 나누어 읽을 본문'에 적힌 것을 따라 ㈎ 예언자, ㈏ 백성, ㈐ 하나님의 역할을 맡아 오늘 함께 공부할 호세아 14장 1-9절을 큰 소리로 천천히 나누어 읽고, 다른 사람들은 잘 들어 봅시다.

6.2.2. 말씀 듣기

❖ 지난주 '5.4.1. 개인별 과제'에서 (4)(5)(6)을 함께 풀어 봅니다.

6.2.2.1. 호세아 14장 1-9절은 예언자가 백성에게 하는 권유인 1-3절, 하나님이 백성의 회복을 두고 하시는 말씀인 4-8절, 예언자의 맺음말인 9절의 세 부분으로 크게 나눌 수 있습니다. 아래 도표의 빈 칸에 본문에서 해당되는 부분을 찾아 그대로나 간추려 적어 넣으면서 호세아 14장 1-9절의 흐름과 짜임새를 살펴봅시다(→ 6.2.2.1. 풀이).

<table>
<tr><td rowspan="6">백성에게
하는
예언자의
권유
(1-3)</td><td rowspan="2">권유의
말(1)</td><td>권유(1전)</td><td colspan="2"></td></tr>
<tr><td>까닭(1후)</td><td colspan="2"></td></tr>
<tr><td rowspan="4">하나님께
아뢸 말을
가르침
(2-3)</td><td>도입부(2전)</td><td colspan="2"></td></tr>
<tr><td rowspan="3">아뢸 말
(2후-3)</td><td>기도(2후)</td><td></td></tr>
<tr><td>다짐(3전)</td><td></td></tr>
<tr><td>신뢰고백(3후)</td><td></td></tr>
<tr><td rowspan="6">백성을
두고
하나님이
하시는
말씀
(4-8)</td><td rowspan="3">회복 약속
(4-5전)</td><td>약속(4전)</td><td colspan="2"></td></tr>
<tr><td>까닭(4후)</td><td colspan="2"></td></tr>
<tr><td>약속(5전)</td><td colspan="2"></td></tr>
<tr><td rowspan="3">결과
(5후-8)</td><td>번영(5후-7)</td><td colspan="2"></td></tr>
<tr><td>고백(8전)</td><td colspan="2"></td></tr>
<tr><td>나의 말(8후)</td><td colspan="2"></td></tr>
<tr><td>예언자의
맺음말(9)</td><td colspan="4"></td></tr>
</table>

6.2.2.2. 호세아 14장 1-9절에 자주 나오거나 중요하게 쓰인 낱말이나 표현을 찾아봅시다(→ 6.2.2.2. 풀이).

6.2.2.3. 이러한 흐름과 짜임새를 중심으로 호세아 14장 1-9절에서 무엇을 말하려는지 생각해 봅시다(→ 6.2.2.3. 풀이).

6.2.3. 말씀 깨닫기

❖ 6.2.3.1. 호세아 14장 1-9절의 가르침을 몇 가지 함께 찾아봅시다.

🔔 6.2.3.2. 조모임에서 이야기 나눈 것을 조모임 기록자가 → '6.2.3.2. 서식' 에 적어 두었다가 전체 앞에서 짧게 보고하고 함께 정리합니다.

6.3. 말씀과 함께

❁ 찬송가, "아버지여 이 죄인을"(2006년 판 찬송가 276장, 가사는 아래에 있음)을 다함께 부릅니다.

1. 아버지여 이 죄인을 용납하여 주시고
   예수님의 이름으로 구원하여 주소서
   아버지를 떠나 산지 벌써 오래되었고
   험한 길에 곤한 몸이 이제 돌아옵니다
2. 전에 하던 헛된 일을 애통하게 여기고
   겸손하게 엎드려서 용서하심 빕니다

은혜 감당 못하오나 회개하는 영혼과
나의 약한 육신까지 감히 드리옵니다
3. 나의 죄를 사하시려 주님 죽으셨으니
그 공로를 의지하여 주만 의지합니다
아버지여 용납하사 나를 품어 주시고
주의 사랑 품안에서 길이 살게 하소서 아멘

6.3.1. 말씀 전하기

❖ 6.3.1.1. 하나님을 믿는다 하면서도 하나님께 잘못을 저질러 크게 어려움을 겪고 있지만 어찌해야 할 바를 몰라 고민하고 있는 개인이나 가정이나 선교단체나 교회에게 에게 호세아 14장 1-8절 말씀을 중심으로 어떻게 말할 것인지 이야기 나누어 보십시다.

❁ 6.3.1.2. 앞 6.3.1.1.에서 나눈 이야기를 한두 사람이 전체 앞에서 짧게 보고합니다.

6.3.2. 말씀대로 살기

❖ 6.3.2.1. 지금 내가 출석하거나 섬기는 교회나 교단이나 우리 신학대학교가 창립 이후 오늘에 이르도록 저지른 불의가 무엇인지 돌이켜 보고 하나님께 돌아가기 위해 나와 우리가 시급히 고쳐야 할 것이 무엇인지 하나씩 말해 봅시다.

🔔 6.3.2.2. 조에서 이야기 나눈 것을 → '6.3.2.2. 서식' 에 간추려 적어 두었다가 전체 앞에 짧게 보고합니다.

◆ 읽어 볼 만한 글

바람을 빼자

[2009년 3월 15일자 국민일보 겨자씨 칼럼에 내리교회 김흥규 목사님이 쓰신 글입니다]

자동차 바퀴가 사막 모래에 빠져 꼼짝달싹 못하게 될 때 벗어나는 방법이 있다. 타이어의 바람을 살짝 빼 내고서 가속 페달을 밟으면 쉽게 빠져나올 수 있다. 경제위기도 욕심의 바람을 조금씩 빼면 벗어날 수 있다. 자신의 사치와 향락만 생각하고 빡빡하게 살면 자기뿐만 아니라 나라의 살림도 어려워진다. 나누고 베풀어야 다 함께 살 수 있다. 어떤 농부는 콩을 심을 때 한 알은 하늘의 새를 위해, 또 한 알은 땅속의 벌레를 위해, 나머지 한 알은 사람이 먹기 위해 심는다고 했다. 새싹도 나무도, 사람의 세포도 나뉘어야 생명과 성장이 있다. 나뉠 줄 모르면 썩고 정체한다. 경제위기보다 더 무서운 것은 내 안에 욕심의 바람이 가득 차 나눌 줄 모르는 데 있다. 이제 바람을 빼고 가진 것을 조금씩 나누자. "주 예수께서 친히 말씀하신 바 주는 것이 받는 것보다 복이 있다 하심을 기억하여야 할지니라."(행 20:35).

6.3.3. 다짐하기

❁ 6.3.3.1. 다함께 찬송 "이 말씀 따라 사는 동안"(류형선 글·가락, → '1.3.1. 악보')을 부릅니다.

☸ 6.3.3.2. 오늘 공부한 내용을 생각하면서 각자의 다짐을 한 문장의 짧은 기도문으로 → '6.3.3.2. 서식' 에 적어 넣습니다. 그런 다음에 오늘 조모임을 이끈 사람이 그 공동 기도문을 하나로 묶어 다 읽고 "예수님 이름으로 기도합니다. 아멘."이라고 하면, 다른 조의 사람들은 함께 기도찬송, "우리들의 소원을 들어주옵소서. 아멘."(채일손 글·가락, → '1.3.2. 악보')을 부름으로써 응답합니다.

6.4.1. 개인별 과제

아래 과제에 대한 답을 A4 한 쪽 분량으로 인터넷 클럽 …… 자료실에 …… 까지 올립니다.

(1) 호세아 14장 1-9절 공부에서 깨달은 가르침을 한 주간 동안 묵상하고 실천하는 과정에서 느끼게 된 문제점이나 경험을 짤막하게 적어 봅시다.

(2) 요엘 1장 1절-2장 27절을 읽고 그 줄거리를 간추려 적어 봅시다.

(3) 요엘 2장 28-32절을 여러 번 읽고 거기서 새롭게 느낀 점이나 발견한 점을 짧게 적어 봅시다.

(4) 개역개정판 요엘 2장 32절에 두 번 나오는 '나 여호와'에서 '나'가 히브리어 본문에는 없습니다. 이리하여 형식만 두고 본다면, 요엘 2장 28-33절은 하나님이 말씀하시는 28-30절과 예언자가 말하는 31-32절의 두 부분으로 나눌 수 있습니다. 다음 도표의 빈칸에 해당하는 부분을 본문에서 찾아 그대로나 간추려서 적어 넣으면서 요엘 2장 28-32절의 흐름과 짜임새를 알아봅시다.

하나님의 말씀 (28-30)	'그후에 내가' 할 일 1 (28앞부분)	
	그 결과로 일어날 일들 (28나머지)	
	'내가' 할 일 2 (29)	
	내가' 할 일 3 (30)	
예언자의 말 (31-32)	때 (31전)	
	일어날 일들 (31후)	
	구원얻을 자 (32)	

(5) 요엘 2장 28-32절에 자주 나오거나 중요하게 쓰인 낱말이나 표현을 찾아봅시다.

(6) 이러한 흐름과 짜임새, 또 중요하게 쓰인 낱말이나 표현을 중심으로 요엘 2장 28-32절에서 무엇을 말하려는지 생각해 봅시다.

6.4.2. 공동작업 과제

다섯 조 가운데 한 조가 아래 과제의 결과물을 인터넷 클럽 …… 자료실에 …… 까지 올리고, 다음 시간에 조마다 전체 앞에서 발표해 봅시다.

한국 교회 참회고백문 만들기

→ '6.4.2. 참고자료' 를 읽어 본 뒤에 지난 120여 년 동안 우리 한국 교회가 저지른 불의가 무엇인지 돌이켜 보고 하나님께 돌아가는 고백의 글을 호세아 14장 2-3절을 참고하고 다음의 과정을 거쳐 함께 만들어 보십시다.

(1) 호세아 14장 2-3절에 들어 있는 고백의 요소를 확인합니다.

(2) 한국 교회의 역사를 몇 시기로 나눕니다.

(3) 각 시기에 관한 자료를 한국 교회사 교과서 등에서 찾아보고 정리하는 일을 나누어 맡습니다.

(4) 시기별로 정리한 결과를 한데 묶어 고백문의 초안을 만듭니다.

(5) 이를 함께 읽고 검토하여 고치고 다듬습니다.

7. 요엘 2장 28-32절 공부

7.1. 말씀을 향하여

7.1.1. 마음 열기

☸ 7.1.1.1. 찬송가, "주님의 귀한 말씀은"(1983년 판 찬송가 238장, → '3.1.1. 악보') 을 다함께 부릅니다.

ꙮ 7.1.1.2. 묵상기도

마지막 날 일어날 주님의 재림과 심판을 기다리며 내가 힘써야 할 일이 무엇인지 묵상하며 1분 정도 조용히 기도합니다.

7.1.2. 돌아보기

☸ 7.1.2.1. 지난주 '6.4.2. 공동작업 과제'를 맡은 조가 준비한 '한국 교회 참회고백문'을 전체 앞에서 발표합니다. 그런 다음에 다른 조에서 발표한 내용을 들은 느낌을 몇 사람이 말합니다. 참회고백문을 준비한 조에서는 한 사람이 준비 과정에서 느끼거나 깨달은 점을 말해 봅니다.

⇔7.1.2.2. 지난주 공부에서 깨달은 바를 통해 나와 우리의 삶이 어떻게 얼마나 달라졌는지 잠시 옆 사람과 이야기 나누어 봅시다.

7.1.3. 생각하기

⇔7.1.3.1. 지난주 '6.4. 개인별 과제'를 하다가 가장 새롭게 깨달은 점을 두고 옆 사람과 잠시 이야기를 나누어 봅시다.

☸ 7.1.3.2. 앞 7.1.3.1.에서 나눈 이야기를 한두 사람이 전체 앞에서 짤막하게 보고합니다.

7.2. 말씀 속으로

7.2.1. 말씀 읽기

🕮 두 사람이 앞에 나와서 → '7.2.1. 나누어 읽을 본문' 에 적힌 대로 오늘 함께 공부할 요엘 2장 28-32절을 ㈎ 28-30절과 ㈏ 31-32절로 나누어 큰 소리로 천천히 읽고, 다른 사람들은 잘 들어 봅시다.

7.2.2. 말씀 듣기

❖ 지난주 '6.4. 개인별 과제' 에서 (4)(5)(6)을 함께 풀어 봅니다.

7.2.2.1. 개역개정판 요엘 2장 32절에 두 번 나오는 '나 여호와' 에서 '나' 가 히브리어 본문에는 없습니다. 이리하여 형식만 두고 본다면, 요엘 2장 28-33절은 하나님이 말씀하시는 28-30절과 예언자가 말하는 31-32절의 두 부분으로 나눌 수 있습니다. 다음 도표의 빈칸에 해당하는 부분을 본문에서 찾아 그대로나 간추려서 적어 넣으면서 요엘 2장 28-32절의 흐름과 짜임새를 알아봅시다(→ 7.2.2.1. 풀이).

하나님의 말씀 (28–30)	'그후에 내가' 할 일 1 (28앞부분)	
	그 결과로 일어날 일들 (28나머지)	
	'내가' 할 일 2 (29)	
	내가' 할 일 3 (30)	
예언자의 말 (31–32)	때 (31전)	
	일어날 일들 (31후)	
	구원얻을 자 (32)	

7.2.2.2. 요엘 2장 28–32절에 자주 나오거나 중요하게 쓰인 낱말이나 표현을 찾아 봅시다(→ 7.2.2.2. 풀이).

7.2.2.3. 이러한 흐름과 짜임새, 중요하게 쓰인 낱말이나 표현을 중심으로, 또 요엘 2장 18–27절을 관련하여 요엘 2장 28–32절에서 무엇을 말하려는지 생각해 봅시다(→ 7.2.2.3. 풀이).

7.2.2.4. 또 사도행전 2장 16–21절에서 요엘 2장 28–32절을 어떻게 이해하여 인용했는지 이야기 나누어 봅시다(→ 7.2.2.4. 풀이).

7.2.3. 말씀 깨닫기

❖ 7.2.3.1. 요엘 2장 28-32절의 가르침을 몇 가지 함께 찾아봅시다.

🔔 7.2.3.2. 조모임에서 이야기 나눈 것을 조모임 기록자가 → '7.2.3.2. 서식' 에 적어 두었다가 전체 앞에서 짧게 보고하고 함께 정리합니다.

7.3. 말씀과 함께

❁ 복음성가, "마지막 날에"(→ '7.3. 악보')를 다함께 부릅니다.

7.3.1. 말씀 전하기

❖ 7.3.1.1. 요엘 2장 28-32절을 본문으로 설교하려고 할 때 가장 강조하여 말하고 싶은 것을 하나씩 이야기해 보십시다.

❁ 7.3.1.2. 앞 7.3.1.1.에서 이야기 나눈 것을 한두 사람이 전체 앞에서 발표합니다.

7.3.2. 말씀대로 살기

❖ 7.3.2.1. 오늘 우리가 하나님이 당신의 영을 부어 주신 믿음의 공동체, 하나님의 이름을 부르는 사람들의 공동체에 속한 사람들로서 어떻게 살아야 할지 요엘 2장 28-32절에서 그 가르침을 하나씩 찾아보십시다.

🔔 7.3.2.2. 조모임에서 이야기 나눈 것을 조모임 기록자가 → '7.3.2.2. 서식' 에 적어 두었다가 전체 앞에서 간단히 보고하고 함께 정리합니다.

◆ 읽어 볼 만한 글

살리는 영

[2009년 2월 11일자 국민일보 겨자씨 칼럼에 연동교회 이성희 목사님이 쓰신 글입니다]

한 때 나라가 온통 강호순 살인 사건으로 떠들썩했다. 충격도 받았고, 슬픔도 컸다. 만약 그가 안 잡혔으면 더 많은 사람을 죽였을 가능성도 배제할 수 없다. 이럴 때 흔히 인면수심(人面獸心)이란 말을 쓰지만 이 세상에 인면수심은 강호순 말고도 얼마든지 많이 있다. "어쩜 인간이 그럴 수 있나?" 라고 하지만 인간은 얼마든지 그럴 수 있다. 사람이 죽이는 영에 사로잡히면 사람을 죽이게 만든다. 죽이는 영은 사람으로 하여금 죽이게 조종한다. 살리는 영에 사로잡히면 사람을 살리게 한다. 성령은 살리는 영인데 성령의 사람인 우리는 살리는 영에 지배받는 사람들이다. 살리는 영에 지배받고 있는 우리는 그 사람을 살인마라고 욕만 할 일이 아니라 죽어가는 영혼을 살리는 일에 적극 나서야 하겠다.

7.3.3. 다짐하기

☸ 7.3.3.1. 함께 요엘 2장 28-32절을 인도자가 천천히 소리 내어 읽은 뒤에 다함께 찬송 "이 말씀 따라 사는 동안"(류형선 글·가락, → '1.3.1. 악보')을 부릅니다.

☸ 7.3.3.2. 오늘 공부한 내용을 생각하면서 각자의 다짐을 한 문장의 짧은 기도문으로 → '7.3.3.2. 서식'에 적어 넣습니다. 그런 다음에 오늘 조모임을 이끈 사람이 그 공동 기도문을 하나로 묶어 다 읽고 "예수님 이름으로 기도합니다. 아멘."이라고 하면, 다른 조의 사람들은 함께 기도찬송, "우리들의 소원을 들어주옵소서. 아멘."(채일손 글·가락, → '1.3.2. 악보')을 부름으로써 응답합니다.

7.4. 개인별 과제

아래 과제에 대한 답을 A4 한 쪽 분량으로 인터넷 클럽 …… 자료실에 …… 까지 올립니다.

(1) 요엘 2장 28-32절 공부에서 깨달은 가르침을 한 주간 동안 묵상하고 실천하는 과정에서 느끼게 된 문제점이나 경험을 짤막하게 적어 봅시다.

(2) 아모스 1장 3절–2장 3절을 여러 번 읽고 거기서 새롭게 느낀 점이나 발견한 점을 짧게 적어 봅시다.

(3) 다음 도표의 빈칸을 채우면서 아모스 1장 3절–2장 3절의 흐름과 짜임새를 알아 봅시다.

장절수	성읍/민족	저지른 죄	하나님이 내리실 벌
1:3–5	다메섹/아람		
1:6–8			
1:9–10			
1:11–12			
1:13–15			
2:1–3			

(4) 아모스 1장 3절-2장 3절에 자주 나오거나 중요하게 쓰인 낱말이나 표현을 찾아 봅시다.

(5) 이러한 흐름과 짜임새, 또 중요하게 쓰인 낱말이나 표현을 중심으로 아모스 1장 3절-2장 3절에서 무엇을 말하려는지 생각해 봅시다.

8. 아모스 1장 3절-2장 3절 공부

8.1. 말씀을 향하여

8.1.1. 마음 열기

☸ 8.1.1.1. 찬송가, “주의 말씀 듣고자”(1967년 판 개편찬송가 334장, → ‘1.1.1. 악보’)를 함께 부릅니다.

✍ 8.1.1.2. 묵상기도
우리나라와 한국 교회가 다른 나라나 민족에게 어떤 잘못을 저질렀는지 돌이켜 보면서 1분 정도 조용히 기도합니다.

8.1.2. 돌아보기

⇔ 지난주 공부에서 깨달은 바를 통해 나와 우리의 삶이 어떻게 얼마나 달라졌는지 잠시 옆 사람과 이야기 나누어 봅시다.

8.1.3. 생각하기

⇔8.1.3.1. 지난주 '7.4. 개인별 과제' 를 하다가 가장 새롭게 깨달은 점을 두고 옆 사람과 잠시 이야기를 나누어 봅시다.

☸ 8.1.3.2. 앞 8.1.3.1.에서 나눈 이야기를 한두 사람이 전체 앞에서 짤막하게 보고 합니다.

8.2. 말씀 속으로

8.2.1. 말씀 읽기

🕮 한 조 여섯 사람이 앞에 나와서 → '8.2.1. 나누어 읽을 본문' 에 적힌 대로 오늘 함께 공부할 아모스 1장 3-15절을 ㈎㈏㈐㈑㈒㈓의 여섯 부분으로 나누어 큰 소리로 천천히 읽고 다른 사람들은 잘 들어 봅시다.

8.2.2. 말씀 듣기

❖ 지난주 '7.4. 개인별 과제' 에서 (3)(4)(5)를 함께 풀어 봅니다.

8.2.2.1. 다음 도표의 빈칸을 채우면서 아모스 1장 3절-2장 3절의 흐름과 짜임새를 알아봅시다(→ 8.2.2.1. 풀이).

장절수	성읍/민족	저지른 죄	하나님이 내리실 벌
1:3-5	다메섹/아람		
1:6-8			
1:9-10			
1:11-12			
1:13-15			
2:1-3			

8.2.2.2. 아모스 1장 3절-2장 3절에 자주 나오거나 중요하게 쓰인 낱말이나 표현을 찾아봅시다(→ 8.2.2.2. 풀이).

8.2.2.3. 이러한 흐름과 짜임새, 또 중요하게 쓰인 낱말이나 표현을 중심으로 아모스 1장 3절-2장 3절에서 무엇을 말하려는지 생각해 봅시다(→ 8.2.2.3. 풀이).

8.2.3. 말씀 깨닫기

❖ 아래 여러 물음을 참고하면서 아모스 1장 3절-2장 3절의 가르침을 몇 가지 함께 찾아봅시다.

8.2.3.1. 아모스 1장 3절-2장 3절에서 이스라엘 주변 민족들의 죄와 그에 따른 벌을 언급한 까닭이 무엇인지 아모스 2장 4-16절을 읽고 이야기를 나누어 봅시다(→ 8.2.3.1. 풀이).

8.2.3.2. 그밖에도 본문에서 새롭게 깨달은 것이 있으면 이야기 나누어 봅시다.

🔔 8.2.3.3. 조모임에서 이야기 나눈 것을 조모임 기록자가 → '8.2.3.3. 서식' 에 적어 두었다가 전체 앞에서 짧게 보고하고 함께 정리합니다.

8.3. 말씀과 함께

❁ 찬송가, "나 행한 것 죄뿐이니"(2006년 판 찬송가 274장, 가사는 아래에 있음)를 다함께 부릅니다.

1. 나 행한 것 죄뿐이니 주 예수께 비옵기는
나의 몸과 나의 맘을 깨끗하게 하옵소서
(후렴) 물 가지고 날 씻든지 불 가지고 태우든지

내 안과 밖 다 닦으사 내 모든 죄 멸하소서

2. 내 어둔 눈 밝히시니 참 기쁘고 고마우나
   그보다 더 원하오니 정결한 맘 주옵소서 (후렴)
3. 정결한 맘 그 속에서 신령한 빛 비치오니
   이러한 맘 나얻으면 눈까지도 밝으리라 (후렴)
4. 못된 행실 다 고치고 죄질 생각 다 버려도
   주 앞에서 정결타고 자랑치는 못하리라 (후렴)

8.3.1. 말씀 전하기

❖ 8.3.1.1. 하나님이 보시기에 오늘 우리나라를 둘러싸고 있는 러시아, 중국, 일본, 미국이 우리나라나 다른 나라 사람들에게 어떤 잘못을 저지르고 있는지, 그런 잘못을 두고 하나님이 어떻게 하시려 할지 이야기 나누어 봅시다.

☸ 8.3.1.2. 앞 8.3.1.1.에서 이야기 나눈 것을 한두 사람이 전체 앞에서 발표합니다.

8.3.2. 말씀대로 살기

❖ 8.3.2.1. 한국 사회와 한국 교회가 다른 나라나 민족에게 저지르고 있는 잘못을 바로잡기 위해 우리가 할 수 있는 일이 무엇인지 이야기 나누어 봅시다.

🔔 8.3.2.2. 조모임에서 이야기 나눈 것을 조모임 기록자가 → '8.3.2.2. 서식' 에 적어 두었다가 전체 앞에서 간단히 보고하고 함께 정리합니다.

◆ 읽어 볼 만한 글

부메랑 효과

[2009년 1월 7일자 국민일보 겨자씨 칼럼에 연동교회 이성희 목사님이 쓰신 글입니다]

'부메랑 효과(boomerang effect)' 라는 말이 있다. 부메랑은 오스트레일리아 원주민의 수렵 기구로서 던지면 다시 던진 자에게 돌아온다. 부메랑 효과란 바로 자신이 한 어떤 행위가 다시 자신에게 돌아오는 경우를 일컫는다. 이솝이야기에 늙은 사자와 생쥐의 이야기가 있다. 생쥐가 사자에게 잡혀 죽게 되었을 때 생쥐는 살려 주면 은혜를 갚겠다고 하여 사자는 생쥐를 살려 준다. 어느 날 사자가 덫에 걸렸을 때 생쥐가 그물을 갉아서 풀어 줬다. 성경은 온통 부메랑 이야기로 가득하다. 남에게 대접을 받고자 하는 대로 남을 대접하라고 했다. "주라 그리하면 너희에게 줄 것이니 곧 후히 되어 누르고 흔들어 넘치도록 하여 안겨 주리라" 고도 했다. 빈 평안이 그 사람에게 합당하지 않으면 나에게로 되돌아올 것이라고도 했다.

"자기 육체를 위하여 심는 자는 육체로부터 썩어질 것을 거두고 성령을 위하여 심는 자는 성령으로부터 영생을 거두리라" (갈6:8).

8.3.3. 다짐하기

❁ 8.3.3.1. 다함께 찬송 "이 말씀 따라 사는 동안" (류형선 글·가락, → '1.3.1. 악보')을 부릅니다.

❁ 8.3.3.2. 오늘 공부한 내용을 생각하면서 각자의 다짐을 한 문장의 짧은 기도문으로 → '8.3.3.2. 서식' 에 적어 넣습니다. 그런 다음에 오늘 조모임을 이끈 사람이 그 공동 기도문을 하나로 묶어 다 읽고 "예수님 이름으로 기도합니다. 아멘." 이라고 하면,

다른 조의 사람들은 함께 기도찬송, "우리들의 소원을 들어주옵소서. 아멘."(채일손 글·가락, → '1.3.2. 악보')을 부름으로써 응답합니다.

8.4.1. 개인별 과제

아래 과제에 대한 답을 A4 한 쪽 분량으로 인터넷 클럽 …… 자료실에 …… 까지 올립니다.

(1) 아모스 1장 3-15절 공부에서 깨달은 가르침을 한 주간 동안 묵상하고 실천하는 과정에서 느끼게 된 문제점이나 경험을 짤막하게 적어 봅시다.

(2) 아모스 2장 1절-5장 20절을 읽고 그 줄거리를 간추려 적어 봅시다.

(3) 아모스 5장 21-24절을 여러 번 읽고 거기서 새롭게 느낀 점이나 발견한 점을 짧게 적어 봅시다.

(4) 아모스 5장 21-24절은 '나' 하나님이 무엇을 거부하는지를 말하는 21-23절과 무엇을 원하는지를 알려 주는 24절의 두 부분으로 크게 나눌 수 있습니다. 아래 도표의 빈 칸을 채우면서 아모스 5장 21-24절의 흐름과 짜임새를 알아봅시다.

<table>
<tr><td rowspan="6">'나'
하나님이
거부함
(21-23)</td><td>미워하여 멸시함</td><td rowspan="4">'너희'
(21-22)</td><td>절기들을</td><td rowspan="2">모임
(21)</td><td rowspan="6">종
교
의
식</td></tr>
<tr><td></td><td></td></tr>
<tr><td></td><td></td><td rowspan="2"></td></tr>
<tr><td></td><td></td></tr>
<tr><td></td><td rowspan="2">'너'
(23)</td><td></td><td rowspan="2"></td></tr>
<tr><td></td><td></td></tr>
<tr><td>원함(24)</td><td colspan="4"></td><td>삶</td></tr>
</table>

(5) 아모스 5장 21-24절에 자주 나오거나 중요하게 쓰인 낱말이나 표현을 찾아봅시다.

(6) 아모스 5장 21-24절의 흐름과 짜임새, 중요한 낱말이나 표현을 살펴보면서 아모스 5장 21-24절이 무엇을 말하려는지 생각해 봅시다.

8.4.2. 공동작업 과제

다섯 조 가운데 한 조가 아래 과제의 결과물을 인터넷 클럽 …… 자료실에 …… 까지 올리고, 다음 시간 첫머리에 5분 안에 발표해 봅시다.

오늘의 열방(列邦) 예언 선포

위 8.3.2.에서 서로 이야기 나눈 것을 좀 더 발전시켜, 아모스 1장 3절-2장 3절에 나오는 형식과 내용을 빌어 오늘의 러시아, 중국, 일본, 미국, 북한, 남한을 향해 하나님이 그들의 죄를 지적하며 재난을 예고하시는 형식의 글을 다음의 과정을 거쳐 함께 지어 봅시다.

(1) 오늘의 러시아, 중국, 일본, 미국, 북한, 남한 사람들이 어떤 잘못을 저지르고 있는지 이야기 나누어 봅니다.
(2) 이를 두고 하나님이 어떻게 벌하시려 하는지 이야기 나누어 봅니다.
(3) 나라별로 시문 형식의 글을 지어 봅니다.
(4) 서로 소리 내어 읽으면서 다듬습니다.
(5) 전체를 한데 묶어 읽으면서 다듬습니다.
(6) 예언자가 된 마음으로 전체 앞에서 선포해 봅니다.

9. 아모스 5장 21-24절 공부

9.1. 말씀을 향하여

9.1.1. 마음 열기

☸ 9.1.1.1. 찬송가, “주의 말씀 듣고자”(1967년 판 개편찬송가 334장, → ‘1.1.1. 악보’)를 함께 부릅니다.

ꝺ 9.1.1.2. 묵상기도

열심히 예배에는 힘쓰나 삶에서는 정의롭지 못한 사람들을 하나님이 어떻게 보실지 생각하면서 1분 정도 조용히 기도합니다.

9.1.2. 돌아보기

❁ 9.1.2.1. 지난주 '8.4.2. 공동작업 과제'를 맡은 조가 준비한 '오늘의 열방 예언'을 5분 안에 그 조원 전체가 앞에 나와 선포합니다. 이를 들은 느낌을 한두 사람이 전체 앞에서 말해 봅시다. 준비한 조에서는 한 사람이, 준비하는 과정과 준비하면서 느낀 점 등을 두고 짧게 보고합니다.

⇔9.1.2.2. 지난주 공부에서 깨달은 바를 통해 나와 우리의 삶이 어떻게 얼마나 달라졌는지 잠시 옆 사람과 이야기 나누어 봅시다.

9.1.3. 생각하기

⇔9.1.3.1. 지난주 '8.4.1. 개인별 과제'를 하다가 가장 새롭게 깨달은 점을 두고 옆 사람과 잠시 이야기를 나누어 봅시다.

❁ 9.1.3.2. 앞 9.1.3.1.에서 나눈 이야기를 한두 사람이 전체 앞에서 짧게 보고합니다.

9.2. 말씀 속으로

9.2.1. 말씀 읽기

일반 교회의 주일 오전 예배에서 성시교독을 할 때 하듯이, → '9.2.1.1. 나누어 읽을 본문'에 적힌 대로, 아모스 5장 21-24절을 ㈎ 남자들과 ㈏ 여자들이 번갈아 가며, 혹은 함께 읽습니다.

9.2.2. 말씀 듣기

❖ 지난주 '8.4.1. 개인별 과제'에서 (4)(5)(6)을 함께 풀어 봅니다.

9.2.2.1. 아모스 5장 21-24절은 '나' 하나님이 무엇을 거부하는지를 말하는 21-23절과 무엇을 원하는지를 알려 주는 24절의 두 부분으로 크게 나눌 수 있습니다. 아래 도표의 빈 칸을 채우면서 아모스 5장 21-24절의 흐름과 짜임새를 알아봅시다(→ 9.2.2.1. 풀이).

<table>
<tr><td rowspan="6">'나'
하나님이
거부함
(21-23)</td><td>미워하여 멸시함</td><td rowspan="4">'너희'
(21-22)</td><td>절기들을</td><td rowspan="2">모임
(21)</td><td rowspan="6">종
교
의
식</td></tr>
<tr><td></td><td></td></tr>
<tr><td></td><td></td><td rowspan="2"></td></tr>
<tr><td></td><td></td></tr>
<tr><td></td><td rowspan="2">'너'
(23)</td><td></td><td rowspan="2"></td></tr>
<tr><td></td><td></td></tr>
<tr><td>원함(24)</td><td colspan="4"></td><td>삶</td></tr>
</table>

9.2.2.2. 아모스 5장 21-24절에 자주 나오거나 중요하게 쓰인 낱말이나 표현을 찾아봅시다(→ 9.2.2.2. 풀이).

9.2.2.3. 아모스 5장 21-24절의 흐름과 짜임새, 중요한 낱말이나 표현을 살펴보면서 아모스 5장 21-24절이 무엇을 말하려는지 생각해 봅시다(→ 9.2.2.3. 풀이).

9.2.3. 말씀 깨닫기

❖ 9.2.3.1. 아모스 5장 21-24절의 가르침을 몇 가지 함께 찾아봅시다.

🔔 9.2.3.2. 조모임에서 이야기 나눈 것을 조모임 기록자가 → '9.2.3.2. 서식' 에 적어 두었다가 전체 앞에서 짧게 보고하고 함께 정리합니다.

9.3. 말씀과 함께

☸ 찬송가, "뜻 없이 무릎 꿇는"(2006년 판 찬송가 460장, 가사는 아래에 있음)이나 "주님의 나라를 위한 기도"(→ '악보 9.3')를 다함께 부릅니다.

1. 뜻 없이 무릎 꿇는 그 복종 아니요
운명에 맡겨 사는 그 생활 아니라
우리의 믿음 치솟아 독수리 날듯이

주 뜻이 이뤄지이다 외치며 사나니

2. 약한 자 힘 주시고 강한 자 바르게
추한 자 정케함이 주님의 뜻이라
해 아래 압박 있는 곳 주 거기 계셔서
그 팔로 막아 주시어 정의가 사나니 아멘

9.3.1. 말씀 전하기

❖ 9.3.1.1. 오늘 하나님이 한국의 그리스도인들을 보면서 무엇이라고 하실지 생각해 보고, → '9.3.1.1. 참고자료' 를 참고하면서 아모스 5장 21-24절과 비슷한 형식의 글을 → '9.3.1.1. 서식' 에 써봅시다.

☸ 9.3.1.2. 앞 9.3.1.1.에서 쓴 것을 서로 돌려 본 뒤에 한두 사람이 전체 앞에서 발표합니다.

9.3.2. 말씀대로 살기

❖ 9.3.2.1. 불의와 부정이 판치는 것처럼 보이는 교회와 세상에서 그리스도인들이 하나님이 원하시는 참된 정의와 공의를 실천하고 전파할 수 있는 구체적인 방법을 두고 한 가지씩 말해 봅시다.

🔔 9.3.2.2. 조모임에서 이야기 나눈 것을 조모임 기록자가 → '9.3.2.2. 서식' 에 적어 두었다가 전체 앞에서 간단히 보고하고 함께 정리합니다.

◆ 읽어 볼 만한 글

진리를 위한 순교

[2009년 3월 30일자 국민일보 겨자씨 칼럼에 합동신학대학원대학교 교수 오덕교 목사님이 쓰신 글입니다]

16세기 영국의 순교자 가운데 존 후퍼라는 이가 있다. 그는 성직자의 결혼을 주장한 것과 사제가 떡과 포도주를 놓고 축사하면 그것이 그리스도의 몸으로 변한다는 화체설을 부인하였다는 죄목으로 1553년 런던탑에 투옥되었다. 1년 반 이상 감옥에 갇혀 있던 그에게 한 친구가 찾아와서 이렇게 권하였다. "인생은 달콤한 것이지만 죽음은 쓰디쓴 것이네. 이 점을 생각하고 고집을 버리게나." 적당하게 타협하여 죽음을 피할 것을 종용하였던 것이다.

후퍼는 깊이 생각한 후 친구에게 "내세에서의 생은 이생보다 더 달콤하다네. 그리고 지옥의 고통은 죽음보다 더 쓰다네."라고 대답하였다. 결국 그는 얼마 후 화형에 처해졌다. 죽음의 순간을 맞게 된 후퍼는 사형 집행관들을 위해 복을 빌어 준 후, "주 예수여, 내 영혼을 받아 주소서." 라고 외친 다음 순교의 제물이 됐다. 그의 순교는 영국 교회가 개혁의 틀을 마련할 수 있는 계기를 마련해 주었다. 신앙은 세상과의 타협이 아니다. 진리를 위해 목숨까지도 버릴 수 있는 것이다.

9.3.3. 다짐하기

☸ 9.3.3.1. 다함께 찬송 "이 말씀 따라 사는 동안"(류형선 글·가락, → '1.3.1. 악보')을 부릅니다.

☸ 9.3.3.2. 오늘 공부한 내용을 생각하면서 각자의 다짐을 한 문장의 짧은 기도문으로 → '9.3.3.2. 서식' 에 적어 넣습니다. 그런 다음에 오늘 조모임을 이끈 사람이 그 공동 기도문을 하나로 묶어 다 읽고 "예수님 이름으로 기도합니다. 아멘."이라고 하면, 다른 조의 사람들은 함께 기도찬송, "우리들의 소원을 들어주옵소서. 아멘."(채일손 글·가락, → '1.3.2. 악보')을 부름으로써 응답합니다.

✏ 9.4. 개인별 과제

아래 과제에 대한 답을 A4 한 쪽 분량으로 인터넷 클럽 …… 자료실에 …… 까지 올립니다.

(1) 아모스 5장 21-24절 공부에서 깨달은 가르침을 한 주간 동안 묵상하고 실천하는 과정에서 느끼게 된 문제점이나 경험을 짤막하게 적어 봅시다.

(2) 아모스 5장 25절-7장 9절을 읽고 그 줄거리를 간추려 적어 봅시다.

(3) 아모스 7장 10-17절을 여러 번 읽고 거기서 새롭게 느낀 점이나 발견한 점을 짧게 적어 봅시다.

(4) 아모스 7장 10-17절은 아마샤가 여로보암에게 아모스를 고발하는 말이 중심을 이루는 10-11절과 아마야와 아모스의 대화가 중심을 이루는 12-17절의 두 부분으로 크게 나눌 수 있습니다. 아래 도표의 빈 칸을 채우면서 아모스 7장 10-17절의 흐름과 짜임새를 알아봅시다.

<table>
<tr><td rowspan="3">아마샤의
고발
(10-11)</td><td>도입(10전)</td><td colspan="3">벧엘 제사장으로서 여로보암 왕에게 보내어 말함</td></tr>
<tr><td rowspan="2">고발 내용
(10후-11)</td><td>주장</td><td colspan="2"></td></tr>
<tr><td>근거</td><td colspan="2"></td></tr>
<tr><td rowspan="10">아마샤와
아모스가
주고받은 말
(12-17)</td><td rowspan="3">아마샤가
아모스에게
(12-13)</td><td>도입</td><td colspan="2"></td></tr>
<tr><td rowspan="2">한 말</td><td>추방명령</td><td></td></tr>
<tr><td>근거</td><td></td></tr>
<tr><td rowspan="7">아모스가
아먀사에게
(14-17)</td><td>도입</td><td colspan="2"></td></tr>
<tr><td rowspan="3">자기가
벧엘에서
예언한 까닭</td><td colspan="2"></td></tr>
<tr><td colspan="2"></td></tr>
<tr><td colspan="2"></td></tr>
<tr><td rowspan="3">아마샤에게 한
재난예언</td><td>도입</td><td></td></tr>
<tr><td>아마샤의 죄</td><td></td></tr>
<tr><td>예고된 재난</td><td></td></tr>
</table>

(5) 아모스 7장 10–17절에 자주 나오거나 중요하게 쓰인 낱말이나 표현을 찾아봅시다.

(6) 아모스 7장 10–17절의 흐름과 짜임새, 또 이 본문에서 중요한 낱말이나 표현을 살펴보면서 아모스 7장 10–17절이 무엇을 말하려는지 생각해 봅시다.

10. 아모스 7장 10-17절 공부

10.1. 말씀을 향하여

10.1.1. 마음 열기

☸ 10.1.1.1. 찬송가, "사랑의 하늘 아버지"(1983년 판 찬송가 239장, → '2.3.1.2. 악보')를 함께 부릅니다.

ꕤ 10.1.1.2. 묵상기도

내가 지금까지 하나님의 일을 맡아 한 진정한 동기가 무엇이었는지 돌이켜 보면서 1분 정도 조용히 기도합니다.

10.1.2. 돌아보기

⇔ 지난주 공부에서 깨달은 바를 통해 나와 우리의 삶이 어떻게 얼마나 달라졌는지 잠시 옆 사람과 이야기 나누어 봅시다.

10.1.3. 생각하기

⇔10.1.3.1. 지난주 '9.4.1. 개인별 과제' 를 하다가 가장 새롭게 깨달은 점을 두고 옆 사람과 잠시 이야기를 나누어 봅시다.

☸ 10.1.3.2. 앞 10.1.3.1.에서 나눈 이야기를 한두 사람이 전체 앞에서 짤막하게 보고합니다.

10.2. 말씀 속으로

10.2.1. 말씀 읽기

📖 네 사람이 앞에 나와서 오늘 함께 공부할 아모스 7장 10-17절을 → '10.2.1. 나누어 읽을 본문' 에 적힌 대로 ㈎ 해설자, ㈏ 아마샤, ㈐ 아모스, ㈑ 하나님의 역할을 나누어 맡아 큰 소리로 천천히 읽고, 다른 사람들은 잘 들어 봅시다.

10.2.2. 말씀 듣기

❖ 지난주 '9.4.1. 개인별 과제' 에서 (4)(5)(6)을 함께 풀어 봅니다.

10.2.2.1. 아모스 7장 10-17절은 아마샤가 여로보암에게 아모스를 고발하는 말이 중심을 이루는 10-11절과 아마야와 아모스의 대화가 중심을 이루는 12-17절의 두 부분으로 크게 나눌 수 있습니다. 아래 도표의 빈 칸을 채우면서 아모스 7장 10-17절의 흐름과 짜임새를 알아봅시다(→ 10.2.2.1. 풀이).

<table>
<tr><td rowspan="3">아마샤의
고발
(10-11)</td><td>도입(10전)</td><td colspan="3">벧엘 제사장으로서 여로보암 왕에게 보내어 말함</td></tr>
<tr><td rowspan="2">고발 내용
(10후-11)</td><td>주장</td><td colspan="2"></td></tr>
<tr><td>근거</td><td colspan="2"></td></tr>
<tr><td rowspan="10">아마샤와
아모스가
주고받은 말
(12-17)</td><td rowspan="3">아마샤가
아모스에게
(12-13)</td><td>도입</td><td colspan="2"></td></tr>
<tr><td rowspan="2">한 말</td><td>추방명령</td><td></td></tr>
<tr><td>근거</td><td></td></tr>
<tr><td rowspan="7">아모스가
아먀사에게
(14-17)</td><td>도입</td><td colspan="2"></td></tr>
<tr><td rowspan="3">자기가
벧엘에서
예언한 까닭</td><td colspan="2"></td></tr>
<tr><td colspan="2"></td></tr>
<tr><td colspan="2"></td></tr>
<tr><td rowspan="3">아마샤에게 한
재난예언</td><td>도입</td><td></td></tr>
<tr><td>아마샤의 죄</td><td></td></tr>
<tr><td>예고된 재난</td><td></td></tr>
</table>

10.2.2.2. 아모스 7장 10-17절에 자주 나오거나 중요하게 쓰인 낱말이나 표현을 찾아봅시다(→ 10.2.2.2. 풀이).

10.2.2.3. 아모스 7장 10-17절의 흐름과 짜임새, 또 이 본문에서 중요한 낱말이나 표현을 살펴보면서 아모스 7장 10-17절이 무엇을 말하려는지 생각해 봅시다(→ 10.2.2.3. 풀이).

10.2.3. 말씀 깨닫기

❖ 10.2.3.1. 아모스 7장 10-17절의 가르침을 몇 가지 함께 찾아봅시다.

🔔 10.2.3.2. 조모임에서 이야기 나눈 것을 조모임 기록자가 → '10.2.3.2. 서식' 에 적어 두었다가 전체 앞에서 짧게 보고하고 함께 정리합니다.

10.3. 말씀과 함께

❆ 찬송가, "부름 받아 나선 이 몸"(2006년 판 찬송가 323장, 가사는 아래에 있음)을 다함께 부릅니다.

1. 부름 받아 나선 이 몸 어디든지 가오리다
   괴로우나 즐거우나 주만 따라 가오리니
   어느 누가 막으리까 죽음인들 막으리까
   어느 누가 막으리까 죽음인들 막으리까
2. 아골 골짝 빈들에도 복음 들고 가오리다
   소돔 같은 거리에도 사랑 안고 찾아가서
   종의 몸에 지닌 것도 아낌없이 드리리다
   종의 몸에 지닌 것도 아낌없이 드리리다
3. 존귀 영광 모든 권세 주님 홀로 받으소서
   멸시천대 십자가는 제가 지고 가오리다

이름 없이 빛도 없이 감사하며 섬기리다
이름 없이 빛도 없이 감사하며 섬기리다 아멘

10.3.1. 말씀 전하기

❖ 10.3.1.1. 아모스 7장 10-17절 전체나 그 중 한 부분을 본문으로 정하여 즉석에서 1분 설교를 해 봅시다.

☸ 10.3.1.2. 앞 10.3.1.1.에서 이야기 나눈 것을 한두 사람이 전체 앞에서 발표합니다.

10.3.2. 말씀대로 살기

❖ 10.3.2.1. 세속 권력에 맞추어 활동하는 종교 지도자들이 적지 않은 상황에서 하나님의 부르심과 명령을 따라 살아가려고 할 때 닥치는 어려움은 무엇이며 그 어려움을 어떻게 극복해 낼 수 있을지 이야기 나누어 봅시다.

🔔 10.3.2.2. 조모임에서 이야기 나눈 것을 조모임 기록자가 → '10.3.2.2. 서식' 에 적어 두었다가 전체 앞에서 간단히 보고하고 함께 정리합니다.

◆ 읽어 볼 만한 글

시각장애인이 시각장애인을 인도하면

[2008년 12월 28일자 국민일보 겨자씨 칼럼에 덕수교회 손인웅 목사님이 '맹인이 맹인을 인도하면' 이라는 제목으로 쓰신 글인데, 제목과 글에서 '맹인' 을 모두 '시각장애인' 으로 바꾸어 옮겨 적었습니다]

옛날에는 밤길에 시각장애인이 손에 등불을 들고 다니는 광경을 볼 수 있었다. 밤과 낮이 따로 없는 시각장애인들이 등불을 들고 다니는 이유는 바로 눈 뜬 사람들을 위해서라고 한다. 그런데 어느 날 시각장애인이 들고 다니던 등불이 꺼지고, 이를 보지 못한 눈 뜬 사람이 시각장애인과 충돌해 시각장애인으로부터 꾸중을 듣게 된다. "당신은 등불도 못 보는 시각장애인인가? 눈도 없느냐?" 시각장애인의 등불이 꺼졌음을 눈 뜬 사람들이 알려 주지 못할 때 꾸중을 듣는 것은 눈 뜬 사람이 되는 것이다. 지금 우리 사회의 눈 뜬 사람은 누구인가? 각계각층의 지도자라 일컬어지는 사람들이 제 역할을 감당하여 사회를 바른 길로 인도하지 못하면 시각장애인이 시각장애인을 인도한다는 엄중한 문책을 듣게 될 것이다.

10.3.3. 다짐하기

☸ 10.3.3.1. 다함께 찬송 "이 말씀 따라 사는 동안"(류형선 글·가락, → '1.3.1. 악보')을 부릅니다.

☸ 10.3.3.2. 오늘 공부한 내용을 생각하면서 각자의 다짐을 한 문장의 짧은 기도문으로 → '10.3.3.2. 서식' 에 적어 넣습니다. 그런 다음에 오늘 조모임을 이끈 사람이 그 공동 기도문을 하나로 묶어 다 읽고 "예수님 이름으로 기도합니다. 아멘."이라고 하면, 다른 조의 사람들은 함께 기도찬송, "우리들의 소원을 들어주옵소서. 아멘."(채일손

글·가락, → '1.3.2. 악보')을 부름으로써 응답합니다.

✐10.4.1. 개인별 과제

아래 과제에 대한 답을 A4 한 쪽 분량으로 인터넷 클럽 …… 자료실에 …… 까지 올립니다.

(1) 아모스 7장 10-17절 공부에서 깨달은 가르침을 한 주간 동안 묵상하고 실천하는 과정에서 느끼게 된 문제점이나 경험을 짤막하게 적어 봅시다.

(2) 아모스 8장 1절-9장 10절을 읽고 그 줄거리를 간추려 적어 봅시다.

(3) 아모스 9장 11-15절을 여러 번 읽고 거기서 새롭게 느낀 점이나 발견한 점을 짧게 적어 봅시다.

(4) 아모스 9장 11-15절은 11절 끝 부분과 12절 시작 부분에서 하나님을 '여호와' 라는 이름으로 부르는 예언자의 말을 기준으로 예언자가 '나' 하나님의 말씀을 전하는 11-12절과 13-15절의 두 부분으로 크게 나눌 수 있습니다. 아래 도표의 빈칸에 해당되는 내용을 본문 그대로나 간추려서 적어 넣으면서 아모스 9장 11-15절의 흐름과 짜임새를 알아봅시다.

<table>
<tr><td rowspan="3">말씀1
(11- 12)</td><td rowspan="2">하나님이 하신
회복의 말씀(11-12전)</td><td>하나님이 하실 일(11)</td><td></td></tr>
<tr><td>그 결과(12전)</td><td></td></tr>
<tr><td>예언자의 맺음말(12후)</td><td colspan="2"></td></tr>
<tr><td rowspan="7">말씀2
(13- 15)</td><td>예언자의 말(13앞)</td><td colspan="2"></td></tr>
<tr><td rowspan="5">하나님이 하신
회복의 말씀</td><td>그 때의 상황(13)</td><td></td></tr>
<tr><td>하나님이 하실 일(14전)</td><td></td></tr>
<tr><td>그 결과(14후)</td><td></td></tr>
<tr><td>하나님이 하실 일(15전)</td><td></td></tr>
<tr><td>그 결과(15후)</td><td></td></tr>
<tr><td>예언자의 맺음말(15끝)</td><td colspan="2"></td></tr>
</table>

(5) 아모스 9장 11-15절에 자주 나오거나 중요하게 쓰인 낱말이나 표현을 찾아봅시다.

(6) 아모스 9장 11-15절의 흐름과 짜임새, 또 중요한 낱말이나 표현과 형식을 특징을 살펴보면서 아모스 9장 11-15절이 무엇을 말하려는지 생각해 봅시다.

10.4.2. 공동작업 과제

다섯 조 가운데 한 조가 아래 과제의 결과물을 인터넷 클럽 …… 자료실에 …… 까지 올리고, 다음 시간에 7-8분 동안 전체 앞에 발표해 봅시다.

단막극 "아모스와 아마샤" 만들어 하기

아마샤, 여로보암, 아모스, 하나님을 등장인물로 하여 아모스 7장 10-17절의 내용을 다음의 과정을 거쳐 단막극으로 만들어 해 봅시다.

(1) 아모스서의 다른 부분에서 아모스 7장 10-17절의 전후 사정을 알려 주는 내용을 함께 찾아봅니다.

(2) 그 결과를 가지고 좀 더 넓은 배경에서 아모스 7장 10-17절에서 말하는 사건의 경과를 몇 단계로 나누어 짜 봅니다.

(3) 대본을 대강 써 봅니다.

(4) 배역을 정하고, 필요한 의상과 장치와 시설을 마련합니다.

(5) 연습하면서 대본을 수정보완하고 장치와 시설도 더 갖춥니다.

11. 아모스 9장 11-15절 공부

11.1. 말씀을 향하여

11.1.1. 마음 열기

☸ 11.1.1.1. 찬송가, "주님의 귀한 말씀은"(1983년 판 찬송가 238장, → '3.1.1. 악보')을 다함께 부릅니다.

ℬ 11.1.1.2. 묵상기도
한국 교회나 세계 교회의 역사 가운데서 허물어진 신앙 공동체를 하나님이 은혜로 다시 일으켜 세워 주신 경우가 있었는지 돌이켜 보면서 1분 정도 조용히 기도합니다.

11.1.2. 돌아보기

☸ 11.1.2.1. 지난주 '10.4.2. 공동작업 과제'를 맡은 조가 준비한 단막극 "아모스와 아마샤"를 본 뒤에 그 느낌을 한두 사람이 전체 앞에서 이야기 해 봅시다. 또 이 단막극을 준비한 조에서 한 사람이, 함께 준비한 과정과 준비하면서 느낀 점 등을 두고 짧게 보고합니다.

⇔11.1.2.2. 지난주 공부에서 깨달은 바를 통해 나와 우리의 삶이 어떻게 얼마나 달라졌는지 잠시 옆 사람과 이야기 나누어 봅시다.

11.1.3. 생각하기

⇔11.1.3.1. 지난주 '10.4.1. 개인별 과제'를 하다가 가장 새롭게 깨달은 점을 두고 옆 사람과 잠시 이야기를 나누어 봅시다.

☸ 11.1.3.2. 앞 11.1.3.1.에서 나눈 이야기를 한두 사람이 전체 앞에서 짧게 보고합니다.

11.2. 말씀 속으로

11.2.1. 말씀 읽기

📖 두 사람이 앞에 나와서 오늘 함께 공부할 아모스 9장 11-15절을 → '11.2.1. 나누어 읽을 본문' 에 적힌 대로 ㈎ 하나님의 말씀과 ㈏ 예언자의 말로 나누어 큰 소리로 천천히 읽고 다른 사람들은 잘 듣습니다.

11.2.2. 말씀 듣기

❖ 지난주 '10.4.1. 개인별 과제' 에서 (4)(5)(6)을 함께 풀어 봅니다.

11.2.2.1. 아모스 9장 11-15절은 11절 끝 부분과 12절 시작 부분에서 하나님을 '여호와' 라는 이름으로 부르는 예언자의 말을 기준으로 예언자가 '나' 하나님의 말씀을 전하는 11-12절과 13-15절의 두 부분으로 크게 나눌 수 있습니다. 아래 도표의 빈칸에 해당되는 내용을 본문 그대로나 간추려서 적어 넣으면서 아모스 9장 11-15절의 흐름과 짜임새를 알아봅시다(→ 11.2.2.1. 풀이).

<table>
<tr><td rowspan="3">말씀1
(11- 12)</td><td rowspan="2">하나님이 하신
회복의 말씀(11-12전)</td><td>하나님이 하실 일(11)</td><td></td></tr>
<tr><td>그 결과(12전)</td><td></td></tr>
<tr><td>예언자의 맺음말(12후)</td><td colspan="2"></td></tr>
<tr><td rowspan="7">말씀2
(13- 15)</td><td>예언자의 말(13앞)</td><td colspan="2"></td></tr>
<tr><td rowspan="5">하나님이 하신
회복의 말씀</td><td>그 때의 상황(13)</td><td></td></tr>
<tr><td>하나님이 하실 일(14전)</td><td></td></tr>
<tr><td>그 결과(14후)</td><td></td></tr>
<tr><td>하나님이 하실 일(15전)</td><td></td></tr>
<tr><td>그 결과(15후)</td><td></td></tr>
<tr><td>예언자의 맺음말(15끝)</td><td colspan="2"></td></tr>
</table>

11.2.2.2. 아모스 9장 11-15절에 자주 나오거나 중요하게 쓰인 낱말이나 표현을 찾아봅시다(→ 11.2.2.2. 풀이)

11.2.2.3. 아모스 9장 11-15절의 흐름과 짜임새, 또 중요한 낱말이나 표현과 형식을 특징을 살펴보고, 아모스 전체의 내용을 생각하면서 아모스 9장 11-15절이 무엇을 말하려는지 생각해 봅시다(→ 11.2.2.3. 풀이).

11.2.3. 말씀 깨닫기

❖ 11.2.3.1. 아모스 9장 11-15절의 가르침을 몇 가지 함께 찾아봅시다.

🔔 11.2.3.2. 조모임에서 이야기 나눈 것을 조모임 기록자가 → '11.2.3.2. 서식' 에 적어 두었다가 전체 앞에서 짧게 보고하고 함께 정리합니다.

11.3. 말씀과 함께

❁ 찬송가, "시온성과 같은 교회"(2006년 판 새 찬송가 210장, 가사는 아래에 있음)를 함께 부릅니다.

1. 시온성과 같은 교-회 그의 영광 한 없-다
   허락하신 말씀대-로 주가 친히 세-웠다
   반석 위-에 세운 교-회 흔들 자가 누구랴
   모든 원-수 에워싸-도 아무-근-심- 없도-다
2. 생명샘이 솟아나-와 모든 성도 마시-니
   언제든지 흘러넘-쳐 부족함이 없도-다
   이런 물-이 흘러가-니 목 마를 자 누구랴
   주의 은-혜 풍족하-여 넘치-고-도- 넘친-다
3. 주의 은혜 내가 받-아 시온 백성 되-는 때
   세상 사람 비방해-도 주를 찬송하리-라
   세상 헛-된 모든 영-광 아침 안-개 같으나
   주의 자-녀 받을 복-은 영원-무-궁- 하도다 아멘

11.3.1. 말씀 전하기

❖ 11.3.1.1. 오늘 아직 분단의 고통 가운데 살아가는 우리 겨레와 이리저리 갈라지고 찢어져 있는 한국 교회를 하나님이 어떤 모습으로 어떻게 회복시켜 주시기를 바라는지 이야기 나누어 보십시다.

❁ 11.3.1.2. 앞 11.3.1.1.에서 이야기 나눈 것을 한두 사람이 전체 앞에서 발표합니다.

11.3.2. 말씀대로 살기

❖ 11.3.2.1. 아모스 9장 11-15절의 가르침(삶의 터전 회복, 뿌리 내림, 풍성한 생산 활동, 열매 누림)을 따라 하나님이 어그러지고 일그러진 한국 교회와 사회를 다시 일으켜 세워 주시는 은혜를 베푸실 때를 생각하면서 지금 우리 한국의 그리스도인들과 교역자들이 각자 무엇을 어떻게 해야 할지 한 가지씩만 말해 봅시다.

🔔 11.3.2.2. 조모임에서 이야기 나눈 것을 조모임 기록자가 → '11.3.2.3.서식' 에 적어 두었다가 전체 앞에서 간단히 보고하고 함께 정리합니다.

◆ 읽어 볼 만한 글

도스토예프스키의 고통

[2008년 12월 12일자 국민일보 겨자씨 칼럼에서 대전 늘사랑침례교회 정승룡 목사님이 '고통의 자리에서' 라는 제목으로 쓰신 글입니다]

청소년 때에 그는 어머니와 아버지를 잃었다. 청년기에 비밀 결사 조직 가담으로 체포, 사형 선고를 받는다. 총살 직전 극적으로 황제의 특사를 받고 살아나지만 시베리아와 중앙아시아에서 약 10년의 처참한 시간을 보낸다. 36세에 맞은 아내는 몇 년이 못 되어 결핵으로 죽고 재혼하여 얻은 아들도 러시아의 추위를 이기지 못하고 죽는다. 그 자신도 한평생 간질로 고통받았다. 이 기막힌 고난의 주인공은 러시아의 대문호 도스토예프스키이다. 그는 견디기 힘든 고난을 믿음으로 감싸며 누에고치가 명주실을 뽑아내듯 불후의 명작 '죄와 벌', '카라마조프가의 형제들' 을 써냈다. 고통은 실존의 심연으로 우리를 초대한다. 바로 그 자리에서 여호와께 부르짖게 만든다. 눈물 너머의 소망으로 안내한다. "이에 저희가 그 근심 중에 여호와께 부르짖으매 그 고통에서 건지시고 또 바른 길로 인도하사 거할 성에 이르게 하셨도다"(시편 107:6~7).

11.3.3. 다짐하기

☸ 11.3.3.1. 다함께 찬송 "이 말씀 따라 사는 동안"(류형선 글·가락, → '1.3.1. 악보')을 부릅니다.

☸ 11.3.3.2. 오늘 공부한 내용을 생각하면서 각자의 다짐을 한 문장의 짧은 기도문으로 → '11.3.3.2. 서식' 에 적어 넣습니다. 그런 다음에 오늘 조모임을 이끈 사람이 그 공동 기도문을 하나로 묶어 다 읽고 "예수님 이름으로 기도합니다. 아멘."이라고 하면, 다른 조의 사람들은 함께 기도찬송, "우리들의 소원을 들어주옵소서. 아멘."(채일손 글·가락, → '1.3.2. 악보')을 부름으로써 응답합니다.

✎ 11.4. 개인별 과제

아래 과제에 대한 답을 A4 한 쪽 분량으로 인터넷 클럽 …… 자료실에 …… 까지 올립니다.

(1) 아모스 9장 11-15절 공부에서 깨달은 가르침을 한 주간 동안 묵상하고 실천하는 과정에서 느끼게 된 문제점이나 경험을 짤막하게 적어 봅시다.

(2) 이번 학기 수업에서 익힌 성경 공부하는 방법의 좋은 점과 아쉬운 점은 무엇입니까?

(3) 아래 도표의 빈 칸을 채우면서, 지금까지 함께 공부한 호세아 요엘 아모스의 열 본문을 통틀어 새롭게 깨닫고 배운 것이 무엇인지를 정리해 봅시다.

과	본문	주제	가르침
2	호세아 1장 2-9절		
3	호세아 3장 1-5절		
4	호세아 6장 1-6절		
5	호세아 11장 1-9절		
6	호세아 14장 1-9절		
7	요엘 2장 28-32절		
8	아모스 1장 3절-2장 3절		
9	아모스 5장 21-24절		
10	아모스 7장 10-17절		
11	아모스 9장 11-15절		

12. 전체 정리와 평가

12.1. 마음 열기

☸ 12.1.1. 찬송가, "주님의 귀한 말씀은"(1983년 판 찬송가 238장, → '2.3.1.1. 악보')을 함께 부릅니다.

✎ 12.1.2. 묵상기도

하나님이 이번에 함께 한 성경공부를 통해 우리 각자와 전체에게 어떤 은혜를 베푸셨는지 돌이켜 보면서 1분 정도 조용히 기도합니다.

12.2. 돌아보기

⇔12.2.1. 지난주 공부에서 깨달은 바를 통해 나와 우리의 삶이 어떻게 얼마나 달라졌는지 잠시 옆 사람과 이야기 나누어 봅시다.

❖ 지난주 → '11.4. 개인별 과제' 에서 (2)(3)을 함께 풀어 봅시다.

12.2.2. 이번 학기 수업에서 익힌 성경 공부하는 방법의 좋은 점과 아쉬운 점은 무엇입니까?

12.2.3. 아래 도표의 빈 칸을 채우면서, 지금까지 함께 공부한 호세아·요엘·아모스의 10군데 본문을 통틀어 새롭게 깨닫고 배운 것이 무엇인지를 정리해 봅시다.

과	본문	주제	가르침
2	호세아 1장 2-9절		
3	호세아 3장 1-5절		
4	호세아 6장 1-6절		
5	호세아 11장 1-9절		
6	호세아 14장 1-9절		
7	요엘 2장 28-32절		
8	아모스 1장 3절-2장 3절		
9	아모스 5장 21-24절		
10	아모스 7장 10-17절		
11	아모스 9장 11-15절		

🔔 12.2.4. 조모임에서 앞 12.2.2.와 12.2.3.을 두고 나눈 이야기를 조모임 기록자가 각각 → '12.2.4.1. 서식' 과 → '12.2.4.2. 서식' 에 적어 두었다가 전체 앞에서 짤막하게 보고하고 함께 정리합니다.

12.3. 마무리

❁ 12.3.1. 인도자가 이번에 함께 공부한 호세아 요엘 아모스의 10 군데 본문 가운데서 중심 되는 구절들을 찾아 하나씩 읽을 때마다 다함께 찬송 "이 말씀 따라 사는 동안"(류형선 글·가락, → '1.3.1. 악보')을 부릅니다.

❁ 12.3.2. 이번 학기에 함께 공부한 것을 통틀어 생각하면서 각자의 다짐을 한 문장의 짧은 기도문으로 → '12.3. 서식'에 적어 넣습니다. 그런 나음에 오늘 조모임을 이끈 사람이 그 공동 기도문을 하나로 묶어 다 읽고 "예수님 이름으로 기도합니다. 아멘."이라고 하면, 다른 조의 사람들은 함께 기도찬송, "우리들의 소원을 들어주옵소서. 아멘."(채일손 글·가락, → '1.3.2. 악보')을 부름으로써 응답합니다.

주의 말씀 듣고자

(1967년 판 개편찬송가 334장)

1.2.1.1. 악보

주님 우리의 마음을 여시어

(2006년 판 새 찬송가 637장)

1.3.1. 악보

이 말씀 따라 사는 동안

(류형선 글·가락)

1.3.2. 악보

우리들의 소원을 들어주옵소서

(채일손 글·가락)

3.1.1. 악보

주님의 귀한 말씀은

(1983년 판 찬송가 238장)

세상의 헛된 신을 버리고

(2006년 판 찬송가 322장)

5.1.1.1. 악보

사랑의 하늘 아버지

(1983년 판 찬송가 239장)

주님의 나라를 위한 기도

(채일손 글·가락)

호세아 1장 2-9절

(가) 2 여호와께서 처음 호세아에게 말씀하실 때
여호와께서 호세아에게 이르시되
(나) **너는 가서 음란한 여자를 맞이하여 음란한 자식들을 낳으라**
이 나라가 여호와를 떠나 크게 음란함이니라
(가) 하시니
3 이에 그가 가서 디블라임의 딸 고멜을 맞이하였더니
고멜이 임신하여 아들을 낳으매
4 여호와께서 호세아에게 이르시되
(나) **그의 이름을 이스르엘이라 하라**
조금 후에 내가 이스르엘의 피를 예후의 집에 갚으며
이스라엘 족속의 나라를 폐할 것임이니라
5 **그 날에 내가 이스르엘 골짜기에서 이스라엘의 활을 꺾으리라**
(가) 하시니라
6 고멜이 또 임신하여 딸을 낳으매
여호와께서 호세아에게 이르시되
(나) **그의 이름을 [1]로루하마라 하라**

---

1) 긍휼히 여김을 받지 못하는 자

내가 다시는 이스라엘 족속을 긍휼히 여겨서 용서하지 않을 것임이니
라
7 **그러나 내가 유다 족속을 긍휼히 여겨 그들의 하나님 여호와로 구원하**
겠고 활과 칼이나 전쟁이나 말과 마병으로 구원하지 아니하리라
(가) 하시니라
8 고멜이 로루하마를 젖뗀 후에 또 임신하여 아들을 낳으매
9 여호와께서 이르시되
(나) **그의 이름을[2] 로암미라 하라**
너희는 내 백성이 아니요 나는 너희 하나님이 되지 아니할 것임이니라

2) 내 백성이 아니라

호세아 3장 1-5절

(가) 1 여호와께서 내게 이르시되

이스라엘 자손이 다른 신을 섬기고 건포도 과자를 즐길지라도

여호와가 그들을 사랑하나니

너는 또 가서 타인의 사랑을 받아 음녀가 된 그 여자를 사랑하라

하시기로

(나) 2 내가 은 열다섯 개와 보리 한 호멜 반으로 나를 위하여 그를 사고

3 그에게 이르기를

너는 많은 날 동안 나와 함께 지내고 음행하지 말며

다른 남자를 따르지 말라

나도 네게 그리하리라

하였노라

(다) 4 이스라엘 자손들이 많은 날 동안 왕도 없고 지도자도 없고

제사도 없고 주상도 없고 에봇도 없고 드라빔도 없이 지내다가

5 그 후에 이스라엘 자손이 돌아와서

그들의 하나님 여호와와 그들의 왕 다윗을 찾고

마지막 날에는 여호와를 경외하므로

여호와와 그의 은총으로 나아가리라

4.2.1. 나누어 읽을 본문

호세아 6장 1-6절

(가) 1 오라 우리가 여호와께로 돌아가자
여호와께서 우리를 찢으셨으나 도로 낫게 하실 것이요
우리를 치셨으나 싸매어 주실 것임이라
2 여호와께서 이틀 후에 우리를 살리시며
셋째 날에 우리를 일으키시리니
우리가 그의 앞에서 살리라
3 그러므로 우리가 여호와를 알자 힘써 여호와를 알자
그의 나타나심은 새벽 빛 같이 어김없나니
비와 같이, 땅을 적시는 늦은 비와 같이 우리에게 임하시리라

하니라

(나) 4 에브라임아 내가 네게 어떻게 하랴
유다야 내가 네게 어떻게 하랴
너희의 인애가 아침 구름이나 쉬 없어지는 이슬 같도다
5 그러므로 내가 선지자들로 그들을 치고
내 입의 말로 그들을 죽였노니
내 심판은 빛처럼 나오느니라

6 나는 인애를 원하고 제사를 원하지 아니하며
번제보다 하나님을 아는 것을 원하노라

5.2.1. 나누어 읽을 본문

호세아 11장 1-9절

(가)

1 **이스라엘이 어렸을 때에 내가 사랑하여 내 아들을 애굽에서 불러냈거늘**

2 선지자들이 그들을 부를수록
그들은 점점 멀리하고 바알들에게 제사하며
아로새긴 우상 앞에서 분향하였느니라
3 그러나 내가 에브라임에게 걸음을 가르치고
내 팔로 안았음에도
내가 그들을 고치는 줄을 그들은 알지 못하였도다
4 **내가 사람의 줄 곧 사랑의 줄로 그들을 이끌었고**
그들에게 대하여 그 목에서 멍에를 벗기는 자 같이 되었으며
그들 앞에 먹을 것을 두었노라

(나)

5 그들은 애굽 땅으로 되돌아가지 못하겠거늘
내게 돌아오기를 싫어하니
앗수르 사람이 그 임금이 될 것이라
6 칼이 그들의 성읍들을 치며 빗장을 깨뜨려 없이하리니
이는 그들의 계책으로 말미암음이니라

7 내 백성이 끝끝내 내게서 물러가나니
비록 그들을 불러 위에 계신 이에게로 돌아오라 할지라도
일어나는 자가 하나도 없도다

(다)

8 에브라임이여 **내가 어찌 너를 놓겠느냐**
이스라엘이여 **내가 어찌 너를 버리겠느냐**
내가 어찌 너를 아드마 같이 **놓겠느냐**
어찌 너를 스보임 같이 **두겠느냐**
내 마음이 내 속에서 돌이키어 나의 긍휼이 온전히 불붙듯 하도다
9 **내가** 나의 맹렬한 진노를 나타내지 아니하며
내가 다시는 에브라임을 멸하지 아니하리니
이는 **내가** 하나님이요 사람이 아님이라 네 가운데 있는 거룩한 이니
진노함으로 네게 임하지 아니하리라

나누어 읽을 본문

6.2.1. 나누어 읽을 본문

호세아 14장 1–9절

(가) 1 이스라엘아 네 하나님 여호와께로 돌아오라
네가 불의함으로 말미암아 엎드러졌느니라
2 너는 말씀을 가지고 여호와께로 돌아와서 아뢰기를

(나) **모든 불의를 제거하시고 선한 바를 받으소서**
우리가 수송아지를 대신하여 입술의 열매를 주께 드리리이다
3 우리가 앗수르의 구원을 의지하지 아니하며 말을 타지 아니하며
다시는 우리의 손으로 만든 것을 향하여
너희는 우리의 신이라 하지 아니하오리니
이는 고아가 주로 말미암아 긍휼을 얻음이니이다

(가) 할지니라

(다) **4 내가 그들의 반역을 고치고 기쁘게 그들을 사랑하리니**
나의 진노가 그에게서 떠났음이니라
5 내가 이스라엘에게 이슬과 같으리니
그가 백합화 같이 피겠고 레바논 백향목 같이 뿌리가 박힐 것이라
6 그의 가지는 퍼지며 그의 아름다움은 감람나무와 같고
그의 향기는 레바논 백향목 같으리니
7 그 그늘 아래에 거주하는 자가 돌아올지라

그들은 곡식 같이 풍성할 것이며 포도나무 같이 꽃이 필 것이며
그 향기는 레바논의 포도주 같이 되리라

8 에브라임의 말이

내가 다시 우상과 무슨 상관이 있으리요

할지라

내가 그를 돌아보아 대답하기를

나는 푸른 잣나무 같으니 네가 나로 말미암아 열매를 얻으리라

하리라

(가) 9 누가 지혜가 있어 이런 일을 깨달으며
누가 총명이 있어 이런 일을 알겠느냐
여호와의 도는 정직하니
의인은 그 길로 다니거니와 그러나 죄인은 그 길에 걸려 넘어지리라

나누어 읽을 본문

7.2.1. 나누어 읽을 본문

요엘 2장 28-32절

개역개정판 요엘 2장 32절에 두 번 나오는 '나 여호와'에서 '나'가 히브리어 본문에는 없습니다. 이리하여 여호와께서 '내가', '내'로 말씀하시는 (가) 28-30절과는 달리 여호와가 그대로 나오는 (나) 31-32절은 예언자가 하는 말로 읽을 수 있습니다.

(가)

28 그 후에 내가 내 영을 [1]만민에게 부어 주리니
너희 자녀들이 장래 일을 말할 것이며
너희 늙은이는 꿈을 꾸며
너희 젊은이는 이상을 볼 것이며
29 그 때에 내가 또 내 영을 남종과 여종에게 부어 줄 것이며
30 내가 이적을 하늘과 땅에 베풀리니 곧 피와 불과 연기 기둥이라

(나)

31 여호와의 크고 두려운 날이 이르기 전에
해가 어두워지고 달이 핏빛 같이 변하려니와
32 누구든지 여호와의 이름을 부르는 자는 구원을 얻으리니
이는 나 여호와의 말대로

1) 모든 육체

시온 산과 예루살렘에서 피할 자가 있을 것임이요
남은 자 중에 나 여호와의 부름을 받을 자가 있을 것임이니라

8.2.1. 나누어 읽을 본문

아모스 1장 3절-2장 3절

(가) 1:3 여호와께서 이와 같이 말씀하시되

다메섹의 서너 가지 죄로 말미암아 내가 그 벌을 돌이키지 아니하리니

이는 그들이 철 타작기로 타작하듯 길르앗을 압박하였음이라

4 **내가 하사엘의 집에 불을 보내리니 벤하닷의 궁궐들을 사르리라**

5 **내가 다메섹의 빗장을 꺾으며**

1)**아웬 골짜기에서 그 주민들을 끊으며**

2)**벧에덴에서 규 잡은 자를 끊으리니**

아람 백성이 사로잡혀 기르에 이르리라

여호와께서 말씀하셨느니라

(나) 6 여호와께서 이와 같이 말씀하시되

가사의 서너 가지 죄로 말미암아 내가 그 벌을 돌이키지 아니하리니

이는 그들이 모든 사로잡은 자를 끌어 에돔에 넘겼음이라

7 **내가 가사 성에 불을 보내리니 그 궁궐들을 사르리라**

8 **내가 또 아스돗에서 그 주민들과 아스글론에서 규를 잡은 자를 끊고**

또 손을 돌이켜 에그론을 치리니

---

1) 우상 숭배하는

2) 에덴 집

블레셋의 남아 있는 자가 멸망하리라
주 여호와께서 말씀하셨느니라

(다) 9 여호와께서 이와 같이 말씀하시되
두로의 서너 가지 죄로 말미암아 내가 그 벌을 돌이키지 아니하리니
이는 그들이 그 형제의 계약을 기억하지 아니하고
모든 사로잡은 자를 에돔에 넘겼음이라
10 내가 두로 성에 불을 보내리니 그 궁궐들을 사르리라

(라) 11 여호와께서 이와 같이 말씀하시되
에돔의 서너 가지 죄로 말미암아 내가 그 벌을 돌이키지 아니하리니
이는 그가 칼로 그의 형제를 쫓아가며 긍휼을 버리며
항상 맹렬히 화를 내며 분을 끝없이 품었음이라
12 내가 데만에 불을 보내리니 보스라의 궁궐들을 사르리라

(마) 13 여호와께서 이와 같이 말씀하시되
암몬 자손의 서너 가지 죄로 말미암아
내가 그 벌을 돌이키지 아니하리니
이는 그들이 자기 지경을 넓히고자 하여
길르앗의 아이 밴 여인의 배를 갈랐음이니라
14 내가 랍바 성에 불을 놓아 그 궁궐들을 사르되
전쟁의 날에 외침과 회오리바람의 날에 폭풍으로 할 것이며
15 그들의 왕은 그 지도자들과 함께 사로잡혀 가리라
(가) 여호와께서 말씀하셨느니라

(바) 2:1 여호와께서 이와 같이 말씀하시되

모압의 서너 가지 죄로 말미암아 내가 그 벌을 돌이키지 아니하리니

이는 그가 에돔 왕의 뼈를 불살라 재를 만들었음이라

2 **내가 모압에 불을 보내리니 그리욧 궁궐들을 사르리라**

모압이 요란함과 외침과 나팔 소리 중에서 죽을 것이라

3 **내가 그 중에서 재판장을 멸하며 지도자들을 그와 함께 죽이리라**

여호와께서 말씀하시니라

아모스 5장 21-24절

(가) 21 내가 너희 절기들을 미워하여 멸시하며
(나) 너희 성회들을 기뻐하지 아니하나니

(가) 22 너희가 내게 번제나 소제를 드릴지라도
(나) 내가 받지 아니할 것이요

(가) 너희의 살진 희생의 화목제도
(나) 내가 돌아보지 아니하리라

(가) 23 네 노랫소리를
내 앞에서 그칠지어다
(나) 네 비파 소리도
내가 듣지 아니하리라

(가) 24 오직 정의를 물 같이,
(나) 공의를 마르지 않는 강 같이

(가)(나) **흐르게 할지어다**

10.2.1. 나누어 읽을 본문

아모스 7장 10-17절

(가) **[10]때에 벧엘의 제사장 아마샤가 이스라엘의 왕 여로보암에게 보내어 이르되**

(나) 이스라엘 족속 중에 아모스가 왕을 모반하나니

그 모든 말을 이 땅이 견딜 수 없나이다

[11] 아모스가 말하기를

(다) 여로보암은 칼에 죽겠고

이스라엘은 반드시 사로잡혀 그 땅에서 떠나겠다

(나) 하나이다

(가) **[12]아마샤가 또 아모스에게 이르되**

(나) 선견자야 너는 유다 땅으로 도망하여 가서

거기에서나 떡을 먹으며 거기에서나 예언하고

[13] 다시는 벧엘에서 예언하지 말라

이는 왕의 성소요 나라의 궁궐임이니라

(가) **[14]아모스가 아마샤에게 대답하여 이르되**

(다) 나는 선지자가 아니며 선지자의 아들도 아니라

나는 목자요 뽕나무를 재배하는 자로서

[15] 양 떼를 따를 때에 여호와께서 나를 데려다가

여호와께서 내게 이르시기를

(라) **가서 내 백성 이스라엘에게 예언하라**

하셨나니 16 이제 너는 여호와의 말씀을 들을지니라

네가 이르기를

(나) 이스라엘에 대하여 예언하지 말며

이삭의 집을 향하여 경고하지 말라

(다) 하므로 17 여호와께서 이와 같이 말씀하시기를

(라) **네 아내는 성읍 가운데서 창녀가 될 것이요**

네 자녀들은 칼에 엎드러지며

네 땅은 측량하여 나누어질 것이며

너는 더러운 땅에서 죽을 것이요

이스라엘은 반드시 사로잡혀 그의 땅에서 떠나리라

(다) 하셨느니라

11.2.1. 나누어 읽을 본문

아모스 9장 11-15절

(가) 11 그 날에 내가 다윗의 무너진 장막을 일으키고
그것들의 틈을 막으며
그 허물어진 것을 일으켜서 옛적과 같이 세우고
12 그들이 에돔의 남은 자와 내 이름으로 일컫는 만국을
기업으로 얻게 하리라
(나) 이 일을 행하시는 여호와의 말씀이니라

13 여호와의 말씀이니라
(가) 보라 날이 이를지라
그 때에 파종하는 자가 곡식 추수하는 자의 뒤를 이으며
포도를 밟는 자가 씨 뿌리는 자의 뒤를 이으며
산들은 단 포도주를 흘리며 작은 산들은 녹으리라
14 내가 내 백성 이스라엘이 사로잡힌 것을 돌이키리니
그들이 황폐한 성읍을 건축하여 거주하며 포도원들을 가꾸고
그 포도주를 마시며 과원들을 만들고 그 열매를 먹으리라
15 내가 그들을 그들의 땅에 심으리니
그들이 내가 준 땅에서 다시 뽑히지 아니하리라
(나) 네 하나님 여호와의 말씀이니라

과목 소개

(1) 구약성경공부 과목 개설 과정과 목적

장로회신학대학교 신학대학원 교육과정개발위원회에서는 신학대학원을 졸업한 사람들이 교역 현장에서 성경공부를 잘 이끌 수 있도록 훈련하기 위해 2008학년도부터 학기마다 신약학 분야와 구약학 분야에 각각 한 과목씩 성경공부 과목을 개설하기로 했습니다.

구약학의 경우에는 아래 도표와 같이 여섯 학기 3년을 한 주기로 하여, 구약성경 39권을 다 다루려면 12년이 걸리도록 계획했습니다.

구분	해당부분	주기별 배정			
		제1주기	제2주기	제3주기	제4주기
구약성경공부 1	율법서	창세기	출애굽기	레위기·민수기	신명기
구약성경공부 2	전기예언서	여호수아 · 사사기	사무엘상하	열왕기상	열왕기하
구약성경공부 3	예언서 1	이사야	예레미야	에스겔	다니엘
구약성경공부 4	성문서 1	시편	욥기	잠언	전도서·아가
구약성경공부 5	예언서 2	호세아 요엘 아모스	오바댜 요나 미가	나훔 하박국 스바냐	학개 스가랴 말라기

구약성경공부 6	성문서 2	역대상	역대하	에스라 느헤미야	룻기 에스더 예레미야애가

(2) **구약성경공부교재개발단의 구성과 운영**

첫 12년 동안에는 구약학전임교수 한 사람과 현장목회자로서 이 일을 위해 특별히 초빙된 객원교수 한 사람 이상을 포함한 세 사람으로 이루어진 구약성경공부교재개발단이 1년에 걸쳐 한 주기의 한 공부교재를 개발하는데, 전반기에 마련한 초안으로써 후반기에 실험수업을 하면서 그 초안을 수정보완하기로 했습니다.

한두 사람이 너무 오래 교재 개발에 매달리지 않도록 1년을 주기로 개발위원을 바꾸어 운영합니다. 이를테면 2007년 3월부터 시작한 첫 개발단(제1기 개발단)은 2008년 1학기에 쓸 교재의 초고를 2007년 1학기에 만들어 2학기에 그 초고를 다듬기만 하고, 2008년 2학기에 쓸 교재의 초고는 다른 개발단(제2기개발단)이 2007년 2학기에 만들어 2008년 1학기에 그 초고를 다듬습니다. 이런 식으로 학기마다 두 개발단이 동시에 연구하는 방식으로 할 수 있습니다. 제1-4기 개발단의 과제와 개발일정을 표로 그려보면 다음과 같습니다.

	과제	초고 작성	수정보완
제1기 개발단	2008년 1학기 교재개발	2007년 1학기	2007년 2학기
제2기 개발단	2008년 2학기 교재개발	2007년 2학기	2008년 1학기
제3기 개발단	2009년 1학기 교재개발	2008년 1학기	2008년 2학기
제4기 개발단	2009년 2학기 교재개발	2008년 2학기	2009년 1학기

다만 교재 개발의 통일성과 연속성을 고려하여 전기 개발단의 구약학 전임교수와 목회자 가운데서 초빙한 객원교수 한 사람은 바로 그 다음 개발단의 자문위원이 됩니다.

(3) 성경공부 원칙

이번 성경공부에서는 다음 **일곱 가지의 원칙**을 중시합니다.

첫째는 **본문 우선**의 원칙입니다. 교재는 본문이 스스로 말하게 하는 수단일 뿐, 교재가 본문을 가리지 말아야 합니다. 성경공부에서는 무엇보다도 하나님이 본문을 통해 하시는 말씀에 인도자도 학습자들도 함께 귀를 기울입니다.

둘째는 **학습자 중심**의 원칙입니다. 이 성경공부에서는 인도자가 일방적으로 본문 내용을 해설하기보다는 학습자들이 저마다 스스로 본문과 씨름하면서 본문을 이해하는 데 힘씁니다. 성경공부는 그 전 과정을 통해서 먼저 학습자들이 어떤 문제를 두고 스스로 본문을 살펴보고 서로 이야기를 나눈 뒤에 인도자가 그 이야기를 정리하고 마무리하면서 그 부분에 해당하는 교재를 나누어 주고 그 내용을 간략하게 설명해 주는 식으로 진행함을 원칙으로 삼습니다. 공부의 과정에서 인도자가 제시하는 여러 과제를 해 나가면서 학습자들이 자연스럽게 본문을 여러 번 읽고 생각하게 합니다.

셋째는 **전인성**의 원칙입니다. 이 성경공부에서는 학습자들이 성경본문을 그저 머리로만 이해하지 않고 그 존재 전체가 달라지는 것을 겨냥합니다.

넷째는 **공동체성**의 원칙입니다. 본문은 신앙 공동체의 증언인 만큼 신앙 공동체에 속한 이 성경공부에서는 모든 학습자들이 함께 힘을 모아 본문을 이해하게 하고 성경공부가 개인뿐만 아니라 신앙 공동체의 발전에도 이바지할 수 있게 하려고 합니다.

다섯째는 **다양성**의 원칙입니다. 이 성경공부에서는 성경 본문의 다양한 유형에 맞추어 다양한 방법을 적용합니다.

여섯째는 **연구방법 습득**의 원칙입니다. 성경공부의 전 과정을 통하여 학습자들이 스스로 성경을 공부할 수 있을 뿐만 아니라 성경공부를 인도할 수 있다는 자신감을 얻게 하고 그 방법을 익힐 수 있게 합니다.

일곱째는 **대중성**의 원칙입니다. 이 성경공부에서는 보통 수준의 신학대학원 학생들이라면 누구나 큰 어려움이 없이 함께 할 수 있는 수준으로 공부하려고 합니다.

(4) 성경공부 지침

이런 원칙에 따라 실제로는 다음 **일곱 가지 지침**을 따라 성경을 공부합니다.

첫째, 이 성경공부는 한글 번역본에 나타난 **최종본문**에서 중심합니다. 본문이 어떻게 생겨났는가 하는 문제는 본문 이해에 꼭 필요할 경우에만 간략하고도 쉽게 다룹니다.

둘째, 이 성경공부의 기초 본문은 **개역개정판**입니다.

셋째, 이 성경공부에 참여하는 **사람의 수는 30명**으로 제한합니다. 이 30명도 필요에 따라서는 5-6명씩 여러 조(組)로 나눌 수 있습니다.

넷째, 한 성경공부는 **12주**에 걸쳐 합니다. 첫 주에는 전체 공부를 안내하고, 마지막 주에는 전체를 정리하고 평가합니다.

다섯째, 성경공부 **교재의 틀**은 본문의 문학적이거나 신학적인 성격에 따라 조금씩 달라질 수 있습니다.

여섯째, 성경공부에서는 **인도자와 학습자들의 창의성**을 활용할 여지를 남겨 둡니다. 교재의 절대성을 주장하지 않습니다.

일곱째, 본문의 가르침이 지성과 감성과 의지뿐만 아니라 관계성 형성 등을 포함하여 학습자의 삶 전체에 영향을 끼치도록 시대의 흐름에 맞게 **다양한 자료**를 알맞게 활용합니다.

⑸ 매주 공부와 교재의 틀

매주 진행되는 수업과 그 때 쓰는 교재의 틀은 다음과 같습니다.

매주 수업은 '말씀을 향하여' (30분), '말씀 속으로' (60분), '말씀과 함께' (45분)의 세 부분으로 나누어 진행하고, 교재도 이 틀에 맞추었습니다.

첫 부분인 **'말씀을 향하여'** 는 다시 ① 마음 열기(찬양과 기도), ② 돌아보기(지난 수업에서 다룬 본문의 가르침을 한 주간 동안 묵상하고 실천하는 과정에서 느끼는 문제점이나 경험, 또는 지난 수업에서 다룬 본문과 다음 수업에서 다룰 본문 사이에 들어 있는 본문의 줄거리 중심으로 이야기 나누기), ③ 생각하기(이번 시간에 공부할 본문을 여러 번 읽고 새롭게 느낀 점이나 발견한 점을 A4 1쪽 이내의 분량으로 인터넷 클럽에 올리는 과제나 오늘 본문과 관련하여 서론적인 이야기 나누기)로 나누어 진행합니다.

둘째 부분인 **'말씀 속으로'** 는 다시 ① 말씀 읽기(소리 내어 읽기, 나누어 읽기 등 여러 가지 방식으로), ② 말씀 듣기(본문의 흐름, 줄거리, 중심 낱말이나 개념 이해하기), ③ 말씀 깨닫기(본문의 뜻 이해)로 나누어 진행합니다. 정해진 짧은 시간 안에 본문을 효율적으로 공부하기 위해서 앞서 첫째 부분의 ③ 생각하기와 둘째 부분의 ② 말씀 듣기를 거쳐 ③ 말씀 깨닫기에 이르면서 본문에 들어 있는 여러 가지 귀한 뜻 가운데서 함께 공부할 가르침의 범위를 점점 좁혀 마침내 한두 가지로 초점을 모읍니다.

셋째 부분인 **'말씀과 함께'** 는 다시 ① 말씀 전하기(짧은 설교문, 기도문, 연극, 여러 미디어 자료 만들어 보기), ② 말씀대로 살기(실천 방안 이야기하기), ③ 다짐하기(찬송과 기도)로 나누어 진행합니다.

이처럼 크게는 세 부분, 작게는 아홉 부분으로 이루어진 성경공부와 성경공부교재의 틀의 특징 가운데 다음 두 가지는 다시 한 번 강조하고 싶습니다.

한 가지는 이 성경공부에서는 무엇보다도 공부할 성경 본문을 소리 내어 정성스레 읽고 듣는 것을 중요하게 여긴다는 점입니다(느 8:3, 8; 시 1:2; 렘 36:6, 10, 13, 15, 21; 계 1:3 등 참고).

참고자료

다른 한 가지는 셋째 부분의 말씀 전하기에서는 다양한 시도를 한다는 점입니다. 함께 공부한 말씀의 내용과 가르침을 노래, 관련 인물 인터뷰, 광고물, 연극, 만화(코믹스), 신문 기사, 라디오 방송 보도자료, 텔레비전 보도자료 등 다양한 방법으로 표현하는 과제를 제시합니다.

시간마다 **다음 주 수업을 위한 과제**로는 ① 이번 수업에서 다룬 본문의 가르침을 한 주간 동안 묵상하고 실천하는 과정에서 느끼는 문제점이나 경험, ② 이번 수업에서 다룬 본문과 다음 수업에서 다룰 본문 사이에 들어 있는 본문의 줄거리, ③ 다음 시간에 공부할 본문을 여러 번 읽고 새롭게 느낀 점이나 발견한 점을 A4 1쪽 이내의 분량으로 …까지 인터넷 클럽 …… 과제자료실에 올리는 과제를 줄 수 있습니다.

호세아·요엘·아모스 공부 교재에서는 초고의 대부분은 이하준이 마련하고 셋째 부분은 박봉수가 준비했으며 그 전체를 박동현이 다듬었습니다. 그렇지만 세 사람이 준비한 것은 하나의 보조 자료일 따름입니다. **이 교재는 실제로 성경공부에 참여하는 사람들이 함께 만들어 가는 교재입니다. 그런 만큼 참여자들 쪽에서 좋은 제안이 많이 나올 수 있기를 기대합니다.**

1. 슈투트가르트 범죄 고백문

아래는 1945년 10월 18-19일 독일의 슈투트가르트에서 모인 독일 개신교회 모임에서 세계교회협의회 대표들 앞에서 발표한 범죄 고백문[Marin Greschat (hg.), *Im Zeichen der Schuld. 40 Jahre Stuttgarter Schuldbekenntnis* (Neukirchen-Vluyn: Neukirchener Verlag, 1985), 45-46] 가운데서 일부를 뽑아 박동현이 우리말로 풀어 옮긴 것입니다.

… 큰 아픔을 느끼며 저희가 말합니다. 저희를 통하여 끝 모르는 고통이 숱한 민족들과 나라들에게 닥쳤습니다. 저희가 개교회에서 자주 증언해 왔던 것을 이제 전체 독일 교회의 이름으로 똑똑히 말씀드립니다. 민족사회주의[=나치즘]의 폭정에 무시무시한 모습으로 나타났던 정신에 맞서느라 저희가 여러 해 동안 예수 그리스도의 이름을 싸워 오긴 했습니다만, 저희가 더 용감하게 고백하기 못했고, 더 신실하게 기도하지 못했고, 더 기쁘게 믿지 못했고, 더 뜨겁게 사랑하지 못했다고 저희는 저희 자신을 탓하고 있습니다.

이제 저희의 교회들은 새롭게 시작해야 합니다. 성경에 근거하고, 아주 진지한 가운데 교회의 주이신 오직 한 분 주님을 향하여, 신앙에 어긋나는 영향력들에서 저희 스스로를 깨끗하게 하고 정돈하려고 합니다. 은혜와 자비의 하나님이 저희 교회들을 당신의 도구로 쓰셔서 당신의 말씀을 선포하고 저희들 자신과 저희의 온 백성이 당신의 뜻에 순종하게 하는 전권을 주시기를 바랍니다.

2. 일본 연합교단의 범죄고백문

아래는 일본 연합 교회에서 1967년 3월 26일 부활절에 총회장 이름으로 발표한 범죄고백문 가운데서 일부를 그 독일어 번역[Yoshiki Terazono Heyo E. Hamer (hg.), *Brennpunkte in Kirche und Theologie Japans. Beiträge und Dokumnete* (Neukirchen-Vluyn: Neukirchener Verlag, 1988), 178]에서 박동현이 다시 우리말로 풀어서 옮긴 것입니다.

… 저희는 다시 한 번 일본 연합 교회가 교단을 창설할 때 또 전쟁 기간에 저질렀던 잘못을 의식하고 있습니다. 이를 두고 저희는 저희 주님의 자비와 인류의 용서를 구합니다.

그 때 저희 나라 정부는 전시의 특별한 필요에 따라 모든 종교 법인체의 합병과 국가 정책인 전쟁을 위한 협력을 요구했습니다. 메이지 시대 초기에 복음이 처음 전파된 이후 일본의 그리스도인들은 모든 교파가 연합하여 단 하나의 일본 개신교를 창설할 계획을 세웠습니다. 당시 교회 지도자들은 정부 법령의 도움을 받아 교회의 일치를 이루었습니다. 이렇게 해서 교단이 창설되었습니다.

이 교단의 창설과 존속의 문제에 직면하여 저희는, 역사의 주이신 하나님의 섭리가 저희의 무능함과 오류에도 불구하고 작용하셨다고 믿습니다. 이를 두고 저희는 감사합니다. 동시에 저희는 저희 자신을 두려워하고 책임을 느낍니다. 교회가 세상의 빛이고 세상의 소금으로 전쟁을 함께하지 않았어야 했습니다. 저희의 조국에 대한 사랑 때문에 저희는 저희 그리스도인들이 민감하게 지녀야 했던 양심에 귀를 기울이면서 저희 조국의 행위를 훨씬 올바른 방법으로 훨씬 더 강하게 정죄해야 했습니다. 그런데도 저희는 연합 교회의 이름으로 저희가 전쟁을 좋다고 하며 지원하겠다는 성명을 나라 안

팎에 발표했습니다. 또 전쟁에서 이기게 해 달라고 기도했습니다.

저희 나라가 잘못을 저질렀을 때, 저희는 교회로서 나라와 함께 범죄했습니다. 저희는 파수꾼이 되어야 하는 저희의 임무를 소홀히 했습니다. 이제 저희는 저희 마음 깊이 아픔을 느끼며 이 같은 저희의 죄를 고백하고 저희 주님께 용서를 빕니다. 마찬가지로 전 세계의 여러 나라, 특히 아시아의 여러 나라에, 그 나라에 있는 교회들과 형제자매들에게, 또한 저희 일본 국민에게도 용서를 빕니다.

전쟁이 끝나고 20여 년이 지났습니다. 지금 저희는 저희가 사랑하는 조국이 숱한 문제가 있는 오늘의 세계에서 다시 한 번 위태로운 방향으로 나아가지는 않는가 두려워하고 있습니다. 이 시점에서 저희는, 주님의 도움과 인도를 간구하면서 앞날을 바라보며 교단이 더는 같은 잘못을 저지르지 않고 일본과 세계를 위해 감당해야 할 책임을 바르게 수행할 수 있도록 굳게 다짐합니다.

9.3.1.1. 참고자료

아모스 5장 21-23절의 '칼 바르트 버전'

칼 바르트(Karl Barth)의 책, 『개신교신학입문』[*Einführung in die evangelische Theologie* (Gütesloh: Gütersloher Verlagshaus Mohn, 1980, 초판은 Zürich: Theologischer Verlag, 1962)], 107쪽에서 아모스 5장 21-23절에 빗대어 쓴 글을 우리말로 풀어 옮깁니다.

내가 너희의 강의들과 너희의 세미나들,
　　너희의 설교들과 강연들과 성경공부들을 미워하여 멸시하며
내가 너희의 대화들과 회의들과 여가활동들을 기뻐하지 아니하나니
　　너희가 너희의 해석학적, 교의학적, 윤리적, 목회적 지혜들을 서로의 앞에
　　또 내 앞에 펼쳐 놓을지라도
내가 받지 아니할 것이요
　　너희의 이러한 살진 송아지들을
내가 돌아보지 아니하리라
　　너희 늙은 것들은 자기들의 두꺼운 책들을 들고서,
　　또 너희 젊은 것들은 자기들의 학위논문들을 들고서
　　이런저런 모임을 만들어 떠들어 대는 것을
내 앞에서 그칠지어다
　　너희가 너희의 신학 잡지들과 평론들과 간행물들에서
　　너희의 교회 신문들과 학술 신문들에서 해대는 논찬 놀음을
내가 듣지 아니하리라.

조모임 보고서 1

조 이 름		과	1과
인 도 자 이 름		본문	과목 소개, 호세아·요엘·아모스 통틀어 보기
기 록 자 이 름	날짜		
다른 참석자 이름			

나눈 이야기의 내용

절취선

서식

1.2.3.2. 서식

조모임 보고서 2

조 이 름		과	1과
인 도 자 이 름		본문	과목 소개, 호세아·요엘·아모스 통틀어 보기
기 록 자 이 름	날짜		
다른 참석자 이름			

나눈 이야기의 내용

절취선

첫 날 공부 마무리 기도문

조 이 름		날짜	
성 경 본 문			
기도한 사람들 이름			
기 도 문			

조모임 보고서 1

조 이 름		과	2과
인 도 자 이 름		본문	호세아 1장 2-9절
기 록 자 이 름		날짜	
다른 참석자 이름			

나눈 이야기의 내용

절취선

서식

2.3.2.3. 서식

조모임 보고서 2

조 이 름		과	2과
인 도 자 이 름		본문	호세아 1장 2-9절
기 록 자 이 름		날짜	
다른 참석자 이름			

나눈 이야기의 내용

절취선

둘째 날 공부 마무리 기도문

조 이 름		날짜	
성 경 본 문	호세아 1장 2-9절		
기도한 사람들 이름			
기 도 문			

절취선

서식

조모임 보고서 1

조 이 름		과	3과
인 도 자 이 름		본문	호세아 3장 1–5절
기 록 자 이 름		날짜	
다른 참석자 이름			

나눈 이야기의 내용

절취선

서 식

3.3.1.1. 서식

호세아 3장 1-5절을 전자우편 형식의 글로 바꾸어 쓰기

작성자 이름		조	

절취선

조모임 보고서 2

조 이 름		과	3과
인 도 자 이 름		본문	호세아 3장 1-5절
기 록 자 이 름		날짜	
다른 참석자 이름			

나눈 이야기의 내용

절취선

서식

3.3.3.2. 서식

셋째 날 공부 마무리 기도문

조 이 름		날짜	
성 경 본 문	호세아 3장 1-5절		
기도한 사람들 이름			
기 도 문			

절취선

절취선

조모임 보고서 1

조 이 름		과	4과
인 도 자 이 름		본문	호세아 6장 1-6절
기 록 자 이 름		날짜	
다른 참석자 이름			

나눈 이야기의 내용

서 식

4.3.1.2. 서식

조모임 보고서 2

조 이 름		과	4과
인 도 자 이 름		본문	호세아 6장 1-6절
기 록 자 이 름		날짜	
다른 참석자 이름			

나눈 이야기의 내용

절취선

조모임 보고서 3

조 이 름		과	4과
인 도 자 이 름		본문	호세아 6장 1-6절
기 록 자 이 름		날짜	
다른 참석자 이름			

나눈 이야기의 내용

절취선

서 식

4.3.3.2. 서식

넷째 날 공부 마무리 기도문

조 이 름		날짜	
성 경 본 문	호세아 6장 1-6절		
기도한 사람들 이름			
기 도 문			

절취선

조모임 보고서 1

조 이 름		과	5과
인도자 이름		본문	호세아 11장 1-9절
기록자 이름		날짜	
다른 참석자 이름			

나눈 이야기의 내용

절취선

서식

5.3.2.2. 서식

조모임 보고서 2

조 이 름		과	5과
인 도 자 이 름		본문	호세아 11장 1-9절
기 록 자 이 름		날짜	
다른 참석자 이름			

나눈 이야기의 내용

절취선

다섯째 날 공부 마무리 기도문

조　　이　　름		날짜	
성　경　본　문	호세아 11장 1-9절		
기도한 사람들 이름			
기　　도　　문			

절취선

서식

조모임 보고서 1

조 이 름		과	6과
인도자 이름		본문	호세아 14장 1-9절
기록자 이름		날짜	
다른 참석자 이름			

나눈 이야기의 내용

절취선

서식

6.3.2.2. 서식

조모임 보고서 2

조 이 름		과	6과
인 도 자 이 름		본문	호세아 14장 1-9절
기 록 자 이 름		날짜	
다른 참석자 이름			

나눈 이야기의 내용

절취선

여섯째 날 공부 마무리 기도문

<table>
<tr><td>조 이 름</td><td></td><td>날짜</td><td></td></tr>
<tr><td>성 경 본 문</td><td colspan="3">호세아 14장 1-9절</td></tr>
<tr><td>기도한 사람들 이름</td><td colspan="3"></td></tr>
<tr><td>기 도 문</td><td colspan="3"></td></tr>
</table>

절취선

서식

조모임 보고서 1

조 이 름		과	7과
인 도 자 이 름		본문	요엘 2장 28-32절
기 록 자 이 름		날짜	
다른 참석자 이름			

나눈 이야기의 내용

절취선

서식

7.3.2.2. 서식

조모임 보고서 2

조 이 름		과	7과
인 도 자 이 름		본문	요엘 2장 28-32절
기 록 자 이 름		날짜	
다른 참석자 이름			

나눈 이야기의 내용

절취선

일곱째 날 공부 마무리 기도문

조 이 름		날짜	
성 경 본 문	요엘 2장 28-32절		
기도한 사람들 이름			
기 도 문			

절취선

서식

조모임 보고서 1

조 이 름		과	8과
인 도 자 이 름		본문	아모스 1장 3절-2장 3절
기 록 자 이 름		날짜	
다른 참석자 이름			

나눈 이야기의 내용

서식

절취선

8.3.2.3. 서식

조모임 보고서 2

조 이 름		과	8과
인 도 자 이 름		본문	아모스 1장 3절–2장 3절
기 록 자 이 름		날짜	
다른 참석자 이름			

나눈 이야기의 내용

절취선

여덟째 날 공부 마무리 기도문

조 이 름		날짜	
성 경 본 문	아모스 1장 3절-2장 3절		
기도한 사람들 이름			
기 도 문			

절취선

서식

조모임 보고서 1

조　　이　　름		과	9과
인 도 자　이 름		본문	아모스 5장 21-24절
기 록 자 이 름		날짜	
다른 참석자 이름			

나눈 이야기의 내용

절취선

서식

9.3.1.1. 서식

아모스 5장 21-24절의 '한국 교회 버전' 만들어 보기

이름		조	

절취선

조모임 보고서 2

조 이 름		과	9과
인 도 자 이 름		본문	아모스 5장 21-24절
기 록 자 이 름		날짜	
다른 참석자 이름			

나눈 이야기의 내용

절취선

서식

9.3.3.2. 서식

아홉째 날 공부 마무리 기도문

조 이 름		날짜	
성 경 본 문	아모스 5장 21-24절		
기도한 사람들 이름			
기 도 문			

절취선

10.2.3.2. 서식

조모임 보고서 1

조 이 름		과	10과
인 도 자 이 름		본문	아모스 7장 10-17절
기 록 자 이 름		날짜	
다른 참석자 이름			

나눈 이야기의 내용

서식

10.3.2.2. 서식

조모임 보고서 2

조 이 름		과	10과
인 도 자 이 름		본문	아모스 7장 10-17절
기 록 자 이 름		날짜	
다른 참석자 이름			

나눈 이야기의 내용

절취선

열째 날 공부 마무리 기도문

조 이 름		날짜	
성 경 본 문	아모스 7장 10-17절		
기도한 사람들 이름			
기 도 문			

절취선

서식

조모임 보고서 1

조 이 름		과	11과
인도자 이름		본문	아모스 9장 11-15절
기록자 이름		날짜	
다른 참석자 이름			

나눈 이야기의 내용

절취선

서식

11.3.2.3. 서식

조모임 보고서 2

조 이 름		과	11과
인 도 자 이 름		본문	아모스 9장 11-15절
기 록 자 이 름		날짜	
다른 참석자 이름			

나눈 이야기의 내용

절취선

열한째 날 공부 마무리 기도문

조 이 름		날짜	
성 경 본 문	아모스 9장 11-15절		
기도한 사람들 이름			
기 도 문			

절취선

서식

절취선

조모임 보고서 1

조 이 름		과	12과
인 도 자 이 름		본문	전체 정리와 평가
기 록 자 이 름		날짜	
다른 참석자 이름			

나눈 이야기의 내용

서 식

12.2.4.2. 서식

조모임 보고서 2

조　　이　　름		과	12과
인 도 자　이 름		본문	전체 정리와 평가
기 록 자 이 름		날짜	
다른 참석자 이름			

나눈 이야기의 내용

절취선

열두째 날 공부 마무리 기도문

<table>
<tr><td>조 이 름</td><td></td><td>날짜</td><td></td></tr>
<tr><td>성 경 본 문</td><td colspan="3"></td></tr>
<tr><td>기도한 사람들 이름</td><td colspan="3"></td></tr>
<tr><td>기 도 문</td><td colspan="3"></td></tr>
</table>

절취선

서식

인도자 지침

일반 지침

1. **학습자용 교재의 짜임새**와 관련하여 다음 몇 가지를 미리 알아 두면 좋습니다.

(1) 교재는 12과로 이루어져 있습니다. 1과에서는 이 성경공부의 원칙과 방법을 안내하고 시편을 통틀어 생각해 보게 합니다. 2–11과에서는 호세아·요엘·아모스에서 뽑은 10본문을 한 주에 한 본문씩 공부하게 합니다. 12과에서는 11주에 걸쳐 함께 공부한 것을 한데 모아 보고 정리하게 합니다.

(2) 학습자용 교재는 → 1.1.4. 참고자료: 과목 소개에서 밝힌 성경 공부의 원칙에 따라 만들었습니다. 이를테면 2–11과의 **수업안**에서는 각 본문의 내용을 담은 제목을 붙이지 않고 본문 범위를 그대로 제목에 표시했습니다.

(3) **악보**에서는 필요한 과에서 쓸 복음성가나 찬송가를 복사해 두었습니다.

(4) **나누어 읽을 본문**에서는 개역개정판 호세아·요엘·아모스 본문을 각 구성요소를 비롯하여 여러 관점에서 나누어 읽게 새롭게 써 놓았습니다.

(5) **참고자료**는 그야말로 참고하는 자료이므로 전체 앞에서 이를 다시 다 읽으려 하지 말고, 학습자들이 스스로 참고하게 하고, 인도자는 그 내용을 간추려 학습자들이 서로 나눈 이야기를 정리하는 데 쓰면 됩니다.

(6) **서식**은 조별모임 보고서와 매 시간 공부를 마무리할 때 만드는 기도문과 몇 군데

개별 작업의 결과를 적을 때 필요합니다.

(7) **나누어 읽을 본문, 서식, 악보, 참고자료**를 언제 써야 할지는 각 과 '수업안' 에서 화살표(→)로 표시해 놓았습니다.

(8) 이 교재를 신학대학원 학생들이 아닌 사람들이 쓸 때에는 학습자들의 상황에 알맞게 교재의 표현 형식이나 내용을 고쳐 쓸 수 있습니다.

2. **인도자용 교재**는 다음과 같은 방식으로 쓰면 좋습니다.

(1) 매 시간 성경공부는 학습자용 교재, 그 가운데서도 특히 **수업안**을 중심으로 진행하므로, 인도자는 학습자용 교재 각 과의 내용과 흐름을 미리 잘 알아 둡니다.

(2) 매 시간 공부를 이끌어 가면서 알맞은 단계에서 인도자용 교재 뒤에 붙어 있는 **풀이**를 복사하여 학습자들에게 나누어 줍니다. 그렇지만 이 **풀이**를 낱낱이 다 읽어 주기보다는 이를 밑바탕으로 하여 핵심 내용만 짤막하게 제시하는 것이 더 좋습니다. 때로는 학습자 각자가 스스로 이 **풀이**를 자신이 스스로 공부한 바와 견주어 보게 할 수도 있습니다. 매 시간 언제 **풀이**를 나눌 것인지는 아래 과별 인도자 지침에서 알 수 있습니다.

(3) 인도자는 매 시간 공부가 끝난 뒤에 그 날 공부 진행 상황과 공부 내용 가운데 특별한 점과 공부를 인도하면서 느낀 점 등을 인도자용 교재 뒤에 붙여 둔 **수업일지**에 간결하게 적습니다.

3. **매 시간 성경 공부를 이끌어 갈 때** 인도자는 다음 몇 가지를 늘 염두에 두어야 합니다.

(1) 이 성경공부는 → 1.1.4. 참고자료: 과목 소개에서 밝힌 바와 같이 한글 성경을 중심으로 함께 찾은 본문의 중심 가르침을 우리 각 자와 모두의 삶에서 실천하여 나와 우리의 삶이 달라짐을 겨냥합니다. 그런 만큼 이 성경공부에서는 본문을 자세히 깊이 주석하거나 설명하지 않습니다. 또한 함께 본문을 읽고 이야기 나누는 과정에서 생기는

여러 가지 궁금한 것들을 낱낱이 알아볼 수도 없습니다. 이런 점들을 학습자들이 양해해 주기를 거듭 상기시킵니다. 더 나아가서 개별적으로 학습자들이 더 알고 싶어 하는 문제의 답을 스스로 찾아보는 길을 친절히 알려 줄 수도 있습니다.

⑵ 인도자는 매 시간 성경 공부가 무엇보다도 → 1.1.4. 참고자료: 과목 소개에서 밝힌 성경 공부의 원칙에 따라 잘 진행되게 이끕니다. 될 수 있는 대로 인도자가 말하는 시간은 줄이고 학습자들끼리 이야기 나누고 그 결과를 전체 앞에 발표하는 데 시간을 많이 주도록 힘씁니다.

⑶ 인도자는 학습자들 가운데 몇 사람이나 여러 조 가운데 몇몇 조가 대화나 발표를 지나치게 주도하지 않도록 조별 토의와 전체 발표 과정을 주의 깊게 살핍니다. 그리하여 학습자들이나 조들 사이의 균형을 잡기 위해 필요할 때에는 자연스러운 방식으로 끼어듭니다.

⑷ 인도자는 학습자들이 옆 사람과 나눈 이야기나 조모임에서 나눈 이야기가 너무 여러 가지일 때는 미리 마련해 둔 '풀이' 나 간단한 해설을 통해서 이야기의 흐름을 매 시간 다루는 본문의 초점에 맞추어 조정합니다. 이를 위해서 **풀이**의 끝에 소개한 각 본문의 중심 가르침을 적어 두었습니다. 그렇지만 학습자들이 이 중심 가르침을 정답으로 오해하지 않도록 조심합니다.

⑸ 인도자는 또한 교재대로 진행하려고만 할 것이 아니라 매 시간의 상황에 따라 교재에 제시된 바를 융통성 있게 씁니다. 특히 학습자들에게서 나오는 창의적인 내용을 적극적으로 받아들여 전체 성경 공부를 풍성하게 하는 데 애씁니다.

⑹ 한 번의 수업은 ① 지난 주 공부를 되돌아보는 시간(**'1. 말씀을 향하여'**) 15%, ② 그 날 본문의 가르침을 함께 찾아내는 시간(**'2. 말씀 속으로'**) 40%, ③ 찾은 가르침을 삶에 적용하고 다음 시간에 준비할 것을 알리는 시간(**'3. 말씀과 함께' 와 '4. 과제'**) **45%**의 세 부분으로 나누어, 전체 135분의 시간으로 말한다면 ① 15-20분, ② 45-50분, ③ 50-55분 정도로 진행하면 좋습니다. 학습자들의 집중도가 시간이 흐를수록 떨어지는 점을 고려한다면, ②와 ③ 사이에 15-20분 정도 쉬는 것이 좋습니다.

(7) 인도자는 매 시간 학습자들이 제출한 과제물을 미리 다 잘 읽어 보고 시간이 모자라 학습자들이 궁금해 하는 것을 낱낱이 다 설명해 주지 못하더라도 학습자들의 관심사를 잘 파악하고 있다는 점을 느끼게 하도록 힘씁니다.

4. **2과, 6과, 8과, 10과의 공동작업 과제**를 어느 조에서 맡을 것인지를 맨 첫 시간에 미리 정해 두면 좋습니다.

5. 수업의 전 과정을 좀 더 효과 있게 진행하려면 **인터넷 클럽**을 만들어 운영하는 것이 좋습니다. 학습자용 교재 각 과의 맨 뒤에 제시하는 개인별 과제와 공동작업 과제의 첫 괄호 안에 있는 …에 그 클럽의 주소를 적어 넣을 수 있습니다. 클럽에는 무엇보다도 개인별 과제와 공동작업 과제를 정한 시간까지 올리게 하는 **개인별 과제 게시판**과 **공동작업 과제 게시판**을 마련해 두면 좋습니다. 학습자용 교재 각 과의 4.1.과 4.2.의 두 번째 ……에 그 시간을 적어 넣을 수 있습니다. 그뿐만 아니라 매 시간의 조모임 보고서를 학습자용 교재 뒷부분에 있는 양식에 써 올리는 **조모임 보고 게시판**, 수업과 관련된 의견을 올릴 수 있는 **의견제시 게시판**, 수업 관련 자료를 수시로 올리는 **수업자료 게시판**, 인도자가 매 시간 마친 뒤에 올리는 **수업일지 게시판** 등을 만들어 참가자들이 서로 긴밀히 사귀면서 함께 공부해 나갈 터전을 마련해 주는 것이 좋습니다.

과별 지침

1. 과목 소개, 호세아·요엘·아모스 통틀어 보기

1.1.2. 학습자들이 신학생들이 아닌 경우에는 학년은 빼고 학습자들의 상황에 알맞게 물음을 바꾸거나 덧붙여 옆 사람과 이야기 나누게 합니다.

1.1.3. 성경공부는 신앙 공동체의 활동인 만큼 학습자들이 서로를 잘 알고 이해하는

것이 중요합니다. 이 점을, 첫 시간부터 마지막 시간까지 인도자와 학습자들이 잊지 말아야 합니다.

1.1.4. → 1.1.4. 참고자료를 밑바탕으로 하여 과목을 소개합니다. 학습자들 가운데는 이미 창세기, 여호수아·사사기, 이사야, 시편 성경공부를 해 본 사람들도 있으리라 예상합니다. 이들에게는 과목 소개가 지루할 수 있겠지만, 이 성경공부 교재의 목적, 특징, 구성, 사용방법, 특히 → 1.1.5. 풀이를 중심으로 조모임 대화와 보고 방법을 다시 한 번 상기시키는 것이 중요합니다.

1.2.2.에서 옆 사람과 나눈 이야기는 시간을 아끼기 위해서 전체에 보고하지 않습니다.

1.2.3.2. 호세아·요엘·아모스의 주제를 두고 조별로 이야기 나눈 바를 전체 앞에서 보고하게 한 다음에 '1.2.3.1. 풀이'를 나누고 이를 밑바탕으로 정리합니다.

◎ 위 일반지침 4.에서 제시한 대로 2과, 6과, 8과, 10과의 공동작업 과제를 다섯 조가 하나씩 맡아 할 것을 첫 시간에 정합니다.

◎ → **1.3.2. 서식(마무리 기도문)은 조모임 기록자뿐만 아니라 모든 학습자가 쓸 수 있음**을 알립니다.

2. 호세아 1장 2-9절 공부

2.2. 호세아 1장 2-9절 본문 이해에서 가장 중요한 점은 예언자의 결혼과 자녀들의 이름이 북왕국 이스라엘에게 재난을 내리시려는 하나님의 뜻을 드러내는 수단이 되도록 하나님이 명령하셨다는 것입니다.

2.2.1. 이를 학습자들이 자연스럽게 본문에서 알아차릴 수 있도록 호세아 1장 2-9절 읽기도 한편으로는 해설자가 읽을 부분과 하나님의 명령으로 읽을 부분의 둘로 나누어 읽게 합니다.

2.2.2.와 **2.2.3.**의 조별 토의를 함께 하고 **2.2.3.3.**에서 보고를 받은 다음에 → 2.2.2.1. 풀이와 → 2.2.2.2. 풀이와 → 2.2.3.1. 풀이를 나누어 주어 학습자 스스로 호

세아 1장 2-9절의 흐름과 짜임새를 확인하게 하고, 하나님이 예언자에게 명령하신 특별한 결혼과 자녀들의 이름이 예언 선포에서 어떤 자리를 차지하는지 생각해 보게 합니다. 그런 다음에 시편 1편의 중심 가르침을 함께 정리합니다.

2.3.1.1. 호세아 1장 2-9절의 내용을 호세아의 처지에서 말해 보는 가운데, 본문에는 전혀 나타나 있지 않은 예언자의 반응을 헤아려 보면서 예언자의 삶이 어떠한지를 조금 경험할 수 있게 합니다.

2.3.1.2. 호세아 1장 2-9절에서 하나님이 명령하시는 상징 생활은 예언자에게 해당되는 것이어서, 이 본문의 가르침은 그 누구보다도 오늘의 교역자들에게 해당된다고 할 수 있습니다. 그렇지만 개신교의 전통을 따르면 그리스도인이라면 누구나 말씀의 일꾼이므로, 이를 평신도들과는 전혀 관계없다고만 할 수 없음을 깨우쳐 주면 좋습니다.

2.4.2. 첫 공동작업 과제를 맡은 조를 확인하고 공동작업을 잘 하도록 격려합니다.

◎ → **2.3.3.2. 서식**과 다음 시간 서식 가운데서 → **3.3.1.1. 서식은 조모임 기록자뿐만 아니라 모든 학습자가 쓸 수 있음**을 알립니다.

3. 호세아 3장 1-5절 공부

3.2. 호세아 3장 1-5절은 예언자의 상징적인 행위 또는 삶을 다룬다는 점에서는 1장 2-9절과 비슷하지만, 표현 형식에서 3인칭보도문인 1장 2-9절과는 달리 1인칭보도문인 점, 또 재난 예고가 중심을 이루는 1장 2-9절과는 달리 사랑과 회복의 메시지가 있다는 점에서 다름을 학습자들이 알게 인도하면 좋습니다.

3.1.2.1. 학습자들이 지난주의 공동작업 과제의 결과를 함께 맛보며 호세아 1장 2-9절의 가르침을 되새기게 합니다. 이는 오늘의 3장 1-5절 공부와 이어지기도 합니다.

3.1.2.2. 이 성경공부는 삶의 변화를 겨냥하므로 지난 한 주간의 삶을 호세아 1장 2-9절의 가르침에 비추어 돌아보는 시간을 소홀히 하지 않게 합니다.

3.1.2.2.와 **3.1.3.** 옆 사람과 이야기 나눈 내용을 한두 사람이 전체 앞에서 짤막하게

보고하는 것은 경우에 따라 생략할 수 있습니다.

3.2.1. 호세아 3장 1–5절을 1절과 2–3절과 4–5절의 세 부분으로 나누어 읽게 하는 까닭이 무엇인지 학습자들이 스스로 알아차리게 해 봅니다.

3.2.2.와 **3.2.3.**의 조별 토의를 함께 하고 **3.2.3.3.**에서 보고를 받은 다음에 → 3.2.2.1.풀이와 → 3.2.2.2.풀이와 → 3.2.2.3.풀이를 나누어 주어 학습자 스스로 호세아 3장 1–5절 흐름과 짜임새와 중심 낱말이나 표현을 확인하게 하고, 이 호세아 본문의 중심 가르침을 함께 정리합니다.

3.3.1.1. 호세아 3장 1–5절의 내용을 하나님을 전혀 모르는 사람이나 예수 믿은 지 그리 오래되지 않아 호세아를 아직 읽어 본 적이 없는 사람에게 전자우편으로 알려 주게 하는 **과제를 실시간으로 하게 하면** 성경 공부의 효과가 훨씬 더 커질 수 있습니다.

3.3.2.1. 자칫 잘못하면 호세아 3장 1–5절의 가르침을 그리스도인 개인에게 한정하여 적용하기 쉽습니다. 그렇지만 여기서 하나님이 뜨거운 사랑으로 상대하시는 대상은 당시 북왕국 이스라엘 백성인 만큼, 오늘의 신앙 공동체와 관련하여 이 말씀대로 사는 법을 생각하게 주의를 환기시킬 필요가 있습니다.

◎ → **3.3.1.1. 서식**과 → **3.3.3.2. 서식**과 다음 시간 서식 가운데서 → **4.3.3.2. 서식은 조모임 기록자뿐만 아니라 모든 학습자가 쓸 수 있음**을 알립니다.

4. 호세아 6장 1–6절 공부

4.2. 호세아 6장 1–6절은 사람들의 말로 시작한다는 점에서 하나님의 명령으로 시작하는 1장 2–9절, 3장 1–5절과 다르다는 사실에 학습자들이 관심을 두게 하면 좋습니다.

4.1.3.2. 옆 사람과 이야기 나눈 내용을 한두 사람이 전체 앞에서 짤막하게 보고하는 것은 경우에 따라 생략할 수 있습니다.

4.2.1. 호세아 6장 1–6절을 세 부분으로 나누어 읽음으로써 본문의 구성요소와 흐름과 짜임새를 느끼게 합니다.

4.2.2.와 **4.2.3.**의 조별 토의를 함께 하고 **4.2.3.5.**에서 보고를 받은 다음에 → 4.2.2.1. 풀이와 → 4.2.2.2. 풀이와 → 4.2.2.3. 풀이를 나누어 주어 학습자 스스로 호세아 6장 1–6절의 흐름과 짜임새와 중심 낱말이나 표현을 확인하게 하고, 이 본문의 중심 가르침을 함께 정리합니다.

4.3.1.1. 호세아 6장 1–6절에서 문제 삼는 사람들도 3장 1–5절에서 그러했듯이 개인이 아니라 하나님 백성의 공동체임을 학습자들이 잊지 않게 합니다. 곧 그리스도인 개인을 위한 말씀으로만 읽을 것이 아니라 교회 공동체를 향한 말씀으로도 읽을 수 있어야 함을 놓치지 않게 하는 것이 아주 중요합니다.

4.3.1.2. 한국의 그리스도인들은 자기들이 속한 개교회나 한국 교회의 잘못을 생각하거나 말하는 것을 두려워하는 수가 많습니다. 그렇지만 개교회이든 전체 한국 교회이든 하나님 앞에서 나날이 더 좋은 신앙의 공동체가 되려면 하나님의 말씀에 비추어 공동체의 잘못된 모습을 제대로 보고 바로잡아 나가는 것이 매우 중요함을 학습자들에게 똑똑히 인식시켜 줄 필요가 있습니다.

◎ → **4.3.3.2. 서식**과 다음 시간 서식 가운데서 → **5.3.3.2. 서식은 조모임 기록자뿐만 아니라 모든 학습자가 쓸 수 있음**을 알립니다.

5. 호세아 11장 1–9절 공부

◎ 실제로는 호세아 11장 10–11절도 포함시켜 11장 전체를 공부할 수도 있겠지만, 그럴 경우에 11장의 통일성을 두고 생각하는 시간이 더 필요하게 되므로, 9절까지 끊어 보기로 합니다. 호세아 11장 1–9절은 한편으로는 앞서 함께 공부한 세 본문에서 드러나는 이스라엘 백성의 잘못된 모습을 좀 더 다른 방식으로 보여 주고, 다른 한편으로는 3장 1–5절에서 드러났던 하나님의 사랑을 다시 한 번 기억하게 합니다.

5.1.2.2. 옆 사람과 이야기 나눈 내용을 한두 사람이 전체 앞에서 짤막하게 보고하는 것은 경우에 따라 생략할 수 있습니다.

5.2.1. 호세아 11장 1–9절은 형식과 내용을 따라 1–7절과 8–9절의 두 부분으로 나눌

수 있지만, 본문 읽기에서는 앞부분이 너무 길기 때문에 이를 다시 둘로 나누어, 전체 본문을 1–4절, 5–7절, 8–9절의 세 부분으로 나누어 읽게 합니다.

5.2.2.와 **5.2.3.**의 조별 토의를 함께 하고 **5.2.3.2.**에서 보고를 받은 다음에 → 5.2.2.1. 풀이와 → 5.2.2.2. 풀이와 → 5.2.2.3. 풀이를 나누어 주어 학습자 스스로 호세아 11장 1–9절의 흐름과 짜임새와 중심 낱말이나 표현을 확인하게 하고, 이 본문의 중심 가르침을 함께 정리합니다.

5.3.1.1. 호세아 11장 1–9절의 앞부분에서 문제가 되는 것도 그리스도인 개인의 완고함이 아니라 하나님 백성의 완고함입니다. 본문 내용을 아직 제대로 하나님께 돌아갈 마음이 없는 백성의 처지에서 풀어 이야기하는 가운데 한 신앙 공동체가 자신들의 잘못된 상황에서 돌이키기가 얼마나 어려운지를 어느 정도 느낄 수 있게 하면 좋습니다.

5.3.2.1. 지난 시간에 호세아 6장 1–6절을 공부하면서 생각하기 시작했던 한국 교회의 문제점을 이번 시간에는 좀 더 깊이 생각해 볼 수 있습니다. 우리 한국 교회가 회개할 줄 모르는 교회가 되지 않았는지, 이를 어찌해야 할지 고민해 보는 기회가 되면 좋습니다.

◎ → **5.3.3.2. 서식**과 다음 시간 서식 가운데서 → **6.3.3.2. 서식은 조모임 기록자뿐만 아니라 모든 학습자가 쓸 수 있음**을 알립니다.

6. 호세아 14장 1–9절 공부

◎ 호세아의 마지막 본문인 14장 1–9절에서는 앞서 공부한 6장 1–6절, 11장 1–9절과는 달리 하나님 백성이 어떻게 제대로 참회할 수 있는지 그 길을 보여 줍니다. 이처럼 이번 호세아 공부는 흐름이 잘 이어지고 있음을 학습자들이 알아차리게 합니다.

6.1.3.2. 옆 사람과 이야기 나눈 내용을 한두 사람이 전체 앞에서 짤막하게 보고하는 것은 경우에 따라 생략할 수 있습니다.

6.2.1. 호세아 14장 1–9절을 글의 표현 형식을 따라 1–3절, 4–8절, 9절의 세 부분으로 나누어 읽게 함으로써, 학습자들이 저절로 본문의 흐름과 짜임새를 느끼게 할 수 있

습니다.

6.2.2.와 **6.2.3.**의 조별 토의를 함께 하고 **6.2.3.2.**에서 보고를 받은 다음에 → 6.2.2.1. 풀이와 → 6.2.2.2. 풀이와 → 6.2.2.2. 풀이를 나누어 주어 학습자 스스로 호세아 14장 1-9절의 흐름과 짜임새와 중심 낱말이나 표현을 확인하게 하고, 이 본문의 중심 가르침을 함께 정리합니다.

6.3.1.1. 호세아 14장 1-8절은 잘못을 저지른 개인이나 공동체가 하나님께 돌아가고 싶으나 그 길을 알지 못할 경우에 활용할 수 있는 본문입니다.

6.3.2.1. 신앙 공동체의 참된 참회가 구체적으로 어떤 모습으로 나타나야 하는지를 호세아 14장 1-8절에서 생각해 낼 수 있게 합니다.

6.4.2. 이 공동작업 과제는 앞서 공부한 여러 호세아 본문의 가르침을 한데 묶어 보는 성격을 띱니다. 호세아 공부를 통해서는 개인의 변화를 넘어서서 한국 교회의 실질적인 변화를 이루는 데에 나아가는 길을 알게 해야 합니다. 참고자료 6.4.2.에서 소개하는 독일 교회의 참회고백문과 일본 교회의 참회고백문을 한국 교회의 참회고백문을 만드는 데 참고할 때에는 세 나라 교회의 상황이 서로 다르다는 점을 염두에 두게 할 필요가 있습니다.

◎ → **6.3.3.2. 서식**과 다음 시간 서식 가운데서 → **7.3.3.2. 서식은 조모임 기록자뿐만 아니라 모든 학습자가 쓸 수 있음**을 알립니다.

7. 요엘 2장 28-32절 공부

◎ 요엘 2장 28-32절 공부에서는 이 본문을 사도행전 2장 16-21절의 관점에서 이해하기에 앞서 요엘 자체의 문맥에서 이해하게 하는 것이 중요합니다.

7.1.3.2. 옆 사람과 이야기 나눈 내용을 한두 사람이 전체 앞에서 짤막하게 보고하는 것은 경우에 따라 생략할 수 있습니다.

7.2.1. 요엘 2장 28-32절을 말씀의 주체를 따라 28-30절과 31-32절로 나누어 읽게 하면서 본문의 앞부분과 두 부분이 어떻게 관련되는지 생각해 보게 합니다.

7.2.2.와 **7.2.3.**의 조별 토의를 함께 하고 **7.2.3.2.**에서 보고를 받은 다음에 → 7.2.2.1. 풀이와 → 7.2.2.2. 풀이와 → 7.2.2.3. 풀이와 → 7.2.2.4. 풀이를 나누어 주어 학습자 스스로 요엘 2장 28-32절의 흐름과 짜임새와 중심 낱말이나 표현을 확인하게 하고, 이 본문의 중심 가르침을 정리한 뒤에, 사도행전 2장 16-21절에서 이 요엘 본문을 그리스도 중심으로 해석한 사실을 확인합니다.

7.3.2.1. 앞에서 네 군데 호세아 본문을 공부할 때와 마찬가지로 요엘 2장 28-32절 공부에서도 하나님이 영을 부어 주시겠다고 한 말씀이 개인을 향한 약속이기에 앞서 이스라엘 백성이라는 공동체를 향한 약속이라는 점을 잊지 않게 합니다.

◎ → **7.3.3.2. 서식**과 다음 시간 서식 가운데서 → **8.3.3.2. 서식은 조모임 기록자뿐만 아니라 모든 학습자가 쓸 수 있음**을 알립니다.

8. 아모스 1장 3절-2장 3절 공부

◎ 아모스 1장 3절-2장 3절은 구약 예언서에서 그 나름대로 중요한 열방(列邦) 예언에 속하는 본문으로, 주로 이스라엘 중심으로 구약을 읽는 우리 교회의 전통에서 아쉬운 점을 보충할 수 있는 본문입니다.

8.1.3.2. 옆 사람과 이야기 나눈 내용을 한두 사람이 전체 앞에서 짤막하게 보고하는 것은 경우에 따라 생략할 수 있습니다.

8.2.1. 아모스 1장 3절-2장 3절을 성읍이나 민족을 따라 여섯 단락으로 나누어 읽게 함으로써 이스라엘의 하나님이 온 누리의 하나님으로서 이스라엘이 아닌 다른 민족의 삶에도 개입하심을 알게 합니다.

8.2.2.와 **8.2.3.**의 조별 토의를 함께 하고 **8.2.3.3.**에서 보고를 받은 다음에 → 8.2.2.1. 풀이와 → 8.2.2.2. 풀이와 → 8.2.2.3. 풀이와 → 8.2.3.1. 풀이를 나누어 주어 학습자 스스로 아모스 1장 3절-2장 3절의 흐름과 짜임새와 중심 낱말이나 표현을 확인하게 하고, 이 본문의 중심 가르침을 정리한 뒤에, 이 열방 예언이 그 다음 2장 4-16절에서 하나님 백성을 두고 하시는 말씀과 긴밀히 관련되어 있음을 확인하게 합니다.

8.3.1.1. 아모스 1장 3절-2장 3절에서도 앞서 공부한 호세아 본문이나 요엘 본문처럼 공동체의 죄와 벌을 다루고 있음을 알고 이를 오늘 현실에 적용하게 합니다.

8.3.2.1. 우리가 속한 민족 공동체와 신앙 공동체가 다른 공동체에 저지른 잘못을 바로잡는 것도 우리가 힘써 해야 할 일을 깨우쳐 줍니다.

8.4.2. 공동작업 과제는 맡은 조에 속하지 않는 학습자들도 관심이 있으면 한 번 해 보도록 권유할 만합니다.

◎ → **8.3.3.2. 서식**과 다음 시간 서식 가운데서 → **9.3.1.1. 서식과 → 9.3.3.2. 서식은 조모임 기록자뿐만 아니라 모든 학습자가 쓸 수 있음**을 알립니다.

9. 아모스 5장 21-24절 공부

◎ 너무나도 널리 알려진 아모스 5장 21-24절의 내용을 다시 한 번 찬찬히 살펴보면서 오늘 우리 교회와 사회를 향한 하나님의 음성을 함께 듣게 합니다.

9.1.2.1.과 **9.1.3.2.** 옆 사람과 이야기 나눈 내용을 한두 사람이 전체 앞에서 짤막하게 보고하는 것은 경우에 따라 생략할 수 있습니다.

9.2.1. 아모스 5장 21-24절을 교회 예배에서 보통 경험하는 교독 형식으로 읽게 하면서 오래전 북왕국 이스라엘을 향한 하나님의 마음을 헤아려 보게 합니다.

9.2.2.와 **9.2.3.**의 조별 토의를 함께 하고 **9.2.3.2.**에서 보고를 받은 다음에 → 9.2.2.1. 풀이와 → 9.2.2.2. 풀이와 → 9.2.2.3.풀이를 나누어 주어 학습자 스스로 아모스 5장 21-24절의 흐름과 짜임새와 중심 낱말이나 표현을 확인하게 하고, 이 본문의 중심 가르침을 함께 정리합니다.

9.3.1.1. 아모스 5장 21-24절에 비추어 하나님이 오늘 한국 교회를 향해 하시는 말씀을 생각해 보게 합니다.

9.3.2.1. 정의라는 낱말이 거의 사라져 버린 듯한 우리의 현실에서 그리스도인들의 정의로운 행동이 실제로 무엇을 뜻하는지 함께 알아보게 합니다.

◎ → **9.3.3.2. 서식**과 다음 시간 서식 가운데서 → **10.3.3.2. 서식은 조모임 기록자**

뿐만 아니라 모든 학습자가 쓸 수 있음을 알립니다.

인도자 지침

10. 아모스 7장 10-17절 공부

◎ 아모스 7장 10-17절은 예언자에 관한 이야기로는 아모스에 유일한 본문입니다. 예언자의 삶이 그가 선포하는 말씀과 긴밀히 관련되어 있음을 이 본문에서 알 수 있습니다.

10.1.3.2. 옆 사람과 이야기 나눈 내용을 한두 사람이 전체 앞에서 짤막하게 보고하는 것은 경우에 따라 생략할 수도 있습니다.

10.2.1. 아모스 7장 10-17절을 네 등장인물로 나누어 읽음으로써 예언자와 박해자와 하나님과 해설자가 서로 어떻게 관련되어 나타나는지를 느낄 수 있게 합니다.

10.2.2.와 **10.2.3.**의 조별 토의를 함께 하고 **10.2.3.2.**에서 보고를 받은 다음에 → 10.2.2.1. 풀이와 → 10.2.2.2. 풀이와 → 10.2.2.3. 풀이를 나누어 주어 학습자 스스로 아모스 7장 10-17절의 흐름과 짜임새와 중심 낱말이나 표현을 확인하게 하고, 이 본문의 중심 가르침을 함께 정리합니다.

10.3.2.1. 종교 지도자들 사이에서 벌어지는 갈등이 오늘 우리 시대에는 어떤 모습으로 나타나는지 생각해 보게 합니다.

10.4.2. 아모스 7장 10-17절을 단막극으로 만들어 해 봄으로써 본문에는 그저 암시되어 있을 뿐인 아마샤와 아모스의 마음을 느껴 볼 수 있게 합니다.

◎ → **10.3.3.2. 서식**과 다음 시간 서식 가운데서 → **11.3.3.2. 서식은 조모임 기록자 뿐만 아니라 모든 학습자가 쓸 수 있음**을 알립니다.

11. 아모스 9장 11-15절 공부

◎ 죄와 벌을 알리는 말씀이 주로 나오는 아모스이지만 마지막 단락인 9장 11-15절은 회복의 약속 말씀이라는 점을 눈여겨보게 합니다.

11.1.3.2. 옆 사람과 이야기 나눈 내용을 한두 사람이 전체 앞에서 짤막하게 보고하

는 것은 경우에 따라 생략할 수도 있습니다.

11.2.1. 아모스 9장 11–15절을 11–12절과 13–15절의 두 부분으로 나누어 읽게 함으로써 각 단락의 핵심 내용과 그 둘이 어떻게 관련되는지를 자연스럽게 생각해 보게 합니다.

11.2.2.와 **11.2.3.**의 조별 토의를 함께 하고 **11.2.3.2.**에서 보고를 받은 다음에 → 11.2.2.1. 풀이와 → 11.2.2.2. 풀이와 → 11.2.2.3. 풀이를 나누어 주어 학습자 스스로 아모스 9장 11–15절의 흐름과 짜임새와 중심 낱말이나 표현을 확인하게 하고, 이 본문의 중심 가르침을 함께 정리합니다.

11.3.1.1. 아모스를 마무리하는 말씀에서 오늘 한국 민족과 교회를 향해 하나님이 들려주실 회복의 약속을 헤아려 보게 합니다.

11.3.2.1. 그런 은혜에 우리가 응답하기 위해 할 일을 생각해 보게 합니다.

◎ → **11.3.3.2. 서식**과 다음 시간 서식 가운데서 → **12.3. 서식은 조모임 기록자뿐만 아니라 모든 학습자가 쓸 수 있음**을 알립니다.

12. 전체 정리와 평가

12.2.의 조별 토의를 함께 하고 12.2.4.에서 보고를 받은 다음에 → 12.2.3. 풀이를 나누어 주고 이번 학기에 같이 한 호세아·요엘·아모스 공부를 정리합니다.

◎ → **12.3. 서식은 조모임 기록자뿐만 아니라 모든 학습자가 쓸 수 있음**을 알립니다.

함께 이야기 나눌 때나 홀로 보고할 때 조심할 점들

성경공부를 효과 있게 하자면 전체 모임과 조별 모임을 잘 해야 합니다. 그리하자면 **함께 이야기 나눌 때나 홀로 보고할 때** 다음 몇 가지를 염두에 둘 필요가 있습니다.

1. 어떤 문제를 두고 함께 이야기를 나눌 때 **한 사람이 너무 길게 말하지 않아야** 합니다. 될 수 있는 대로 1분 안에 말을 끝내는 것이 좋습니다. 또 **한 사람이 너무 자주 말하지 않아야** 합니다. 발표의 기회가 모든 학습자들에게 골고루 돌아갈 수 있게, 말할 것이 많은 사람은 발언을 자제하고, 여러 사람 앞에서 말하는 데 익숙하지 않은 사람은 용기를 내어 빠짐없이 말합니다.

2. 어떤 문제를 두고 함께 이야기를 나눌 때 **먼저 다른 사람이 하는 말을 바르게 이해하기에 힘써야** 합니다. 다른 사람의 말을 제대로 이해하고 난 다음에야 자기 의견이 그 사람의 생각과 같은지 비슷한지 다른지를 말할 수 있기 때문입니다. 따라서 다른 사람의 말 가운데서 확실하게 이해하지 못한 부분이 있으면 이를 두고 먼저 다시 묻는 것이 좋습니다.

3. 조별 모임에서는 조원들이 **돌아가면서 인도자나 기록발표자**가 되는 것이 좋습니다. 인도자는 앞서 첫째에서 이야기한 바가 이루어지도록 대화의 전 과정을 조정합니다.

4. **보고는 간단하고 분명하게** 합니다. 한 조의 보고는 2분을 넘지 않게 합니다. 다른 조에서 앞서 보고한 내용은 뺄 수 있습니다.

1.2.3.1. 풀이

소(小)예언서의 첫 세 책, 호세아·요엘·아모스 통틀어 보기

(2) 소예언서라는 이름

호세아에서 시작하여 말라기에 이르는 열두 권의 예언서는 그 열두 권을 다 합해도 이사야서 한 권과 비슷할 정도로 분량이 작은 예언서라는 뜻에서 소예언서라고 부릅니다. 이 이름은 아우구스티누스(354-430년)가 그의 저서 '하나님의 나라'(De civitate Dei) 18, 29에서 쓴 〈프로페타에 미노레스〉(prophetae minores)에서 비롯된 것으로 알려져 있습니다. 헬라어 칠십인역(LXX)에서는 이 열두 권의 책을 '열두 예언자들'(〈도데카프로페톤〉)라는 이름 아래에 하나로 묶어 두었는데, 주전 2세기 후반에 쓰인 외경 집회서 49장 8절에 '열두 예언자들'이라는 표현이 나옵니다. 우리나라에서는 흔히 '십이 소선지서'라고 부릅니다.

(3) 호세아·요엘·아모스의 주제

호세아에서는 생산과 풍요의 신인 바알을 좇아간 주전 8세기 후반의 북왕국 이스라엘 백성을 향한 하나님의 한결같이 뜨거운 사랑이 두드러지게 나타나고, 아모스에서는 거의 같은 시대에 빈부의 차가 심하고 약자를 억누르고 괴롭히는 불의가 차고 넘치는 북왕국 사회에 하나님이 바라시는 정의가 주제로 드러납니다. 요엘의 주제라 할 수 있는 '여호와의 날'이 책의 앞부분(1:2-2:17)에서는 하나님 백성에게 닥칠 재난의 날이지만 뒷부분(2:18-3:21)에서는 하나님이 이방을 벌하고 당신의 백성을 구원하실 날로 나타납니다.

호세아 1장 2-9절의 흐름과 짜임새

본문은 2절, 4절, 6절, 9절에 나오는 "여호와께서(또는 여호와께서) … 이르시되"라는 도입부를 기준으로 하여 네 번에 걸쳐 하나님이 호세아에게 하시는 말씀이 중심을 이루고, 그 뒤에 세 번에 걸쳐 호세아가 순종한 결과를 알려 주는 식으로 되어 있어 아래 도표와 같이 크게 2-3절, 4-6절 앞("고멜이 … 낳으매"), 6절 나머지-8절, 9절의 네 부분으로 나눌 수 있습니다. 하나님의 말씀은 다시 호세아에게 내리시는 명령과 그렇게 명령하시는 까닭의 두 부분으로 이루어져 있습니다.

여호와의 말씀	여호와의 말씀		호세아가 순종한 그 결과	
인용 도입부	명령	명령하시는 까닭	호세아	고멜
2여호와께서 … 호세아에게 이르시되 … 하시니	너는 가서 음란한 여자를 맞이하여 음란한 자식들을 낳으라	이 나라가 여호와를 떠나 크게 음란함이니라	3이에 그가 가서 디블라임의 딸 고멜을 맞이하였더니	고멜이 임신하여 아들을 낳으매
4여호와께서 호세아에게 이르시되 … 하시니라	그의 이름을 이스르엘이라 하라	조금 후에 내가 이스르엘의 피를 예후의 집에 갚으며 … 5그 날에 내가 이스르엘 골짜기에서 이스라엘의 활을 꺾으리라		6고멜이 또 임신하여 딸을 낳으매

여호와께서 호세아에게 이르시되 … 하시니라	그의 이름을 로루하마라 하라	내가 다시는 이스라엘 족속을 긍휼히 여겨서 용서하지 않을 것임이니라 …		8 고멜이 로루하마를 젖뗀 후에 또 임신하여 아들을 낳으매
9 여호와께서 이르시되	그의 이름을 로암미라 하라	너희는 내 백성이 아니요 나는 너희 하나님이 되지 아니할 것임이니라		

첫 명령으로 하나님은 호세아에게 결혼과 자녀 출산을 명령하시고, 그 다음 세 명령으로는 고멜이 맏아들과 맏딸과 둘째 아들을 낳은 뒤에 아이의 이름을 지어 주시며 그 까닭을 밝히십니다. 그리하여 첫 명령에서 말씀하신 '음란한 자식들' 이 '이스르엘' (이스라엘을 벌하실 골짜기의 이름), '로루하마' (= '긍휼히 여김을 받지 못하는 자[여성]'), '로암미' (= '내 백성이 아니라')라는 이름의 자녀로 구체화되고, 하나님은 이 세 이름을 통해 당신이 북왕국 이스라엘을 벌하시려는 뜻을 알려 주십니다.

호세아 1장 2-9절에서 중요한 낱말이나 표현

거듭 나오는 표현이나 낱말로는 "여호와께서(또는 여호와께서) (호세아에게) 이르시되"(2, 4, 6, 9절), '음란' (2절에 세 번), '임신하다' (3, 6, 9절), '낳다' (3, 6, 8절), "그의 이름을 …(이)라 하라"(4, 6, 9절), '이스르엘' (4절에 두 번, 5절에 한 번), '아들' (3, 8절), '딸' (6절), '자식들' (2절), '맞이하다' (2, 3절)가 눈에 띕니다.

여기서 모든 일이 하나님이 예언자에게 하시는 말씀에서 시작됨을 알 수 있습니다. 하나님이 예언자 호세아에게 하신 말씀은 한 음란한 여인을 아내로 맞이하여 불행한 뜻의 이름을 지닌 세 자녀를 낳게 하는 일에 초점을 맞추고 있습니다. 이 이름에 이스라엘 백성에게 닥칠 재앙이 드러납니다.

2.2.3.1. 풀이

음란한 여자를 맞이하여 음란한 자식들을 낳으라 하신 까닭

하나님은 호세아에게 음란한 여자를 맞이하여 음란한 자식들을 낳으라고 명령하시는 까닭으로 "이 나라가 여호와를 떠나 크게 음란함이라"고 말씀하십니다. 즉 예언자 호세아에게, 당신의 백성 북왕국 이스라엘이 당신을 배신하고 이방 신들을 섬기는 잘못을 말로만 지적하게 하신 것이 아니라, 예언자의 특별하고도 이상한 결혼과 그 결혼에서 태어난 아이들의 특별한 이름을 통해, 이스라엘 백성이 눈으로 보고 깨닫게 하려 하셨습니다. 이리하여 예언자 호세아의 결혼과 출산은 타락한 이스라엘 백성을 향한 하나님의 뜻을 상징하게 되었습니다.

호세아뿐만 아니라 이사야(사 20:2-3 참고), 예레미야(렘 13:1-11; 16:1-9 등 참고), 에스겔(겔 4:3; 12:6; 24:24, 27 등 참고)도 어떤 특별하고도 이상한 행동이나 삶으로써 하나님이 당신의 백성에게 전하시려고 하는 뜻을 드러내 보여야 했습니다. 학자들은 이를 예언자의 상징(또는 징표) 행위, 상징(징표) 생활이라고 부릅니다.

* 호세아 1장 2-9절의 중심 가르침

첫째, 말씀의 일꾼은 말로 하나님의 뜻을 전할 뿐만 아니라, 때로는 특별한 행동이나 삶 자체로 하나님의 뜻을 드러내 보입니다.

둘째, 그러한 삶에는 말할 수 없이 큰 어려움이 뒤따릅니다.

셋째, 하나님의 백성이 생산과 번영을 하나님보다 더 섬길 때, 하나님은 이들을 벌하실 수밖에 없습니다.

3.2.2.1. 풀이

호세아 3장 1-5절의 흐름과 짜임새

호세아 3장은 제3자가 호세아의 결혼생활을 두고 이야기하는 식으로 되어 있는 1장 2-9절과는 달리 호세아 스스로 자기가 겪은 바를 말하는 식으로 되어 있습니다. 3장 1-5절은 크게 하나님이 호세아에게 하신 말씀이 들어 있는 1절, 그 말씀을 들은 호세아가 어떻게 했는지를 알려 주는 2-3절, 이스라엘의 자손과 변화를 말하는 4-5절의 세 부분으로 크게 나누어 볼 수 있습니다.

<table>
<tr><td>하나님이</td><td>도입부분</td><td colspan="3">“여호와께서 내게 이르시되(… 하시기로)”</td></tr>
<tr><td rowspan="3">나에게
하신 말씀(1)</td><td rowspan="3">하나님의
말씀</td><td>명령</td><td colspan="2">너는 또 가서 타인의 사랑을 받아
음녀가 된 그 여자를 사랑하라</td></tr>
<tr><td rowspan="2">명령의
근거</td><td>이스라엘 자손</td><td>다른 신을 섬기고 건포도 과자를 즐김</td></tr>
<tr><td>하나님</td><td>그들을 사랑하심</td></tr>
<tr><td rowspan="3">나의 순종
(2-3)</td><td>내가 한 일(2)</td><td colspan="3">“은 열다섯 개와 보리 한 호멜 반으로 나를 위하여 그를 사고”</td></tr>
<tr><td rowspan="2">그에게 말함
(3)</td><td>도입부분</td><td colspan="2">“그에게 이르기를”</td></tr>
<tr><td>한 말</td><td colspan="2">“너는 많은 날 동안 나와 함께 지내고 음행하지 말며
다른 남자를 따르지 말라 나도 네게 그리하리라”</td></tr>
<tr><td rowspan="2">이스라엘
자손의
고난과
회복(4-5)</td><td>고난 상황
(4)</td><td colspan="3">많은 날 동안 왕, 지도자, 제사, 주상, 에봇, 드라빔도 없이 지냄</td></tr>
<tr><td>그 후의 변화
(5)</td><td colspan="3">돌아와서 여호와와 다윗을 찾고 여호와를 경외하므로
여호와와 그의 은총으로 나아가리라</td></tr>
</table>

호세아는 배신한 이스라엘 자손을 하나님이 사랑하시듯이 음녀가 된 여자를 사랑하라는 명령을 하나님께 받고(1절), 그 명령대로 하면서 그 여인에게 더는 음행하지 말라고 말하면서 그리하면 자신도 그와 함께 하리라고 약속합니다(2-3절). 3절 끝에서 "나도 네게 그리하리라"로 옮긴 히브리 문장의 뜻을 이해하기가 쉽지 않습니다만, 대강 이 정도로 이해할 수 있습니다. 이런 예언자의 순종이 결국은 배신한 이스라엘 백성을 향한 하나님의 사랑을 상징합니다. 4-5절에서는 당분간은 이스라엘 백성이 지도자 없이 어려움을 겪겠지만, 마침내 하나님께 돌아와 하나님과 이스라엘의 관계가 회복되리라 합니다.

풀이

3.2.2.2. 풀이

시편 호세아 3장 1-5절에서 중요한 낱말이나 표현

거듭 나오는 낱말로는 하나님의 이름 '여호와'(1절에 2번, 5절에 3번), '없다'(4절에 5번)가 눈에 띕니다.

비슷한 뜻을 가진 낱말로는 '사랑하다'(1절에 두 번)와 '사랑'(1절), '음녀'(1절)과 '음행'(3절), '다른 신'(1절)과 '타인'(1절)과 '다른 남자'(3절)가 있습니다. 호세아는 '타인'의 '사랑'을 받아 '음녀'가 된 여자, '다른 남자'를 따르고 '음행'한 여자를 '사랑'함으로써, '다른 신'을 섬기는 이스라엘 자손을 여호와께서 여전히 '사랑'하심을 드러내어야 했습니다.

3.2.2.3. 풀이

호세아 3장 1-5절에서 말하는 것

호세아 3장 1-5절에서는 음행한 여인을 사다가 사랑하라는 하나님의 명령처럼 음행하여 우상을 섬긴 이스라엘 자손에게 하나님이 끊임없는 사랑을 쏟아 부어 결국 그들이 여호와를 경외하고 그 은총을 받는 백성이 되게 하시겠다는 하나님의 뜻을 알려줍니다.

이 점을 예언자 호세아는 하나님의 명령을 받들어 자신의 부부생활을 통해 상징으로 드러내 보여 주었습니다.

* 호세아 3장 1-5절의 중심 가르침

첫째, 배신한 백성을 하나님은 끝까지 사랑하십니다.

둘째, 그 하나님의 사랑을 말씀의 일꾼은 자신의 삶으로 보여 줄 수 있습니다.

4.2.2.1. 풀이

호세아 6장 1-6절의 흐름과 짜임새

호세아 6장 1-6절은 하나님의 백성이 서로에게 하는 말인 1-3절과 하나님이 그들에게 직접 하시거나 그들을 두고 하시는 말씀인 4-6절의 두 부분으로 아래와 같이 크게 나눌 수 있습니다.

백성끼리 하는 말 (1-3절)	첫 다짐	"오라 우리가 여호와께로 돌아가자"
	첫 다짐의 근거	"… 찢으셨으나 … 싸매어 주실 것이요 … "
	둘째 다짐	"그러므로 우리가 여호와를 알자 … "
	둘째 다짐의 근거	"그의 나타나심은 … 우리에게 임하시리라"
하나님의 말씀 (4-6절)	백성에게 하시는 한탄	아침 구름, 이슬 같은 너희의 인애!
	백성에게 하신 심판	선지자들로 치고, 입의 말로 죽임
	백성에게 바라시는 것	제사 아닌 인애, 번제보다는 하나님 아는 것

백성은 1-3절에서 여호와께로 돌아가자, 여호와를 알자고 서로 말하면서, 그 근거로서 여호와께서 자신들에게 재난을 내리셨으나 곧 회복시켜 주시리라는 확신을 여러 가지 말로 표현합니다. 그렇지만 하나님은 4절에서 그러한 백성의 '인애'는 덧없는 것이라고 하시면서 한탄하시고, 5절에서 그들을 벌하셨음을 말씀하신 뒤에 당신이 참으로 바라시는 것이 무엇인지를 분명히 알려 주십니다.

4.2.2.2. 풀이

호세아 6장 1-6절에서 중요한 낱말이나 표현

거듭 나오는 낱말로는 하나님의 이름 '우리' (1, 3절에 2번, 2절에 3번), '여호와' (1, 3절에 2번, 2절에 1번), '알다' (3절에 2번), '아는 것' (6절), '인애' (3, 6절)가 있습니다.

'너' 에브라임과 '너' 유다는 '너희' (4절)가 되어 앞서 나온 '우리' 를 가리킵니다.

'찢다' 와 '낫게 하다' (1절), '치다' 와 '싸매다' (1절)는 서로 반대되는 뜻을 지니면서 짝을 이룹니다.

또 '찢다' 와 '치다', '낫게 하다' 와 '싸매다', '이틀 후' 와 '셋째 날' (2절), '살리다' 와 '일으키다' (2절), '아침 이슬' 과 '쉬 없어지는 이슬' (4절), '제사' 와 '번제' (6절), '여호와를 알다' (3절)와 '하나님을 아는 것' (6절)은 실제로 같은 뜻을 지닙니다.

여기서 '인애' 로 옮긴 히브리 낱말 〈헤셋〉은 두 쪽 사이에서 한 쪽이 다른 한 쪽에게 해야 할 도리를 다하는 것을 뜻합니다. 또 하나님을 안다고 할 때 '안다' 함은 하나님에 관한 이런저런 사실을 안다는 뜻을 넘어서서 하나님과 깊이 인격적으로 사귀면서 살아감을 뜻합니다.

호세아 6장 1-6절에서 말하는 것

이스라엘 백성들은 지금 하나님이 자기들에게 어려움을 주셨음을 알면서도 자신들이 저지른 잘못으로 하나님을 서운하게 한 것을 두고서도 조금도 죄송스런 마음을 지니지도 않아 회개의 고백도 하지 않고 그저 닥친 어려움에서 한시라도 빨리 벗어나려고 여호와께 돌아가자고, 여호와를 알자고 서로 말합니다.

이런 다짐을 하나님은 덧없이 사라지는 구름이나 이슬 같은 '인애'로 여기시고 오히려 그렇게 상황을 가볍게 보고 쉽게 회복을 갈구하는 백성을 한심스레 보십니다. 심판의 끈을 늦추시지 않으면서, 그들이 참된 인애를 나타내기를, 참으로 하나님을 알기를 바라신다고 말씀하십니다.

삶의 변화가 뒤따르는 진실된 참회(호 14:2-3; 시 51편; 렘 3:21-24 참고) 없이 그저 닥친 괴로움에서 벗어나기 위해 하나님께 돌아가자고 하는 백성을 하나님은 받아 주시지 않습니다.

* 호세아 6장 1-6절의 중심 가르침

자신들이 저지른 잘못 자체를 두고서는 별로 가슴 아프게 생각하지 않고 그저 닥친 어려움에서 벗어나려고 경건한 말로 회개하는 체 하는 것은 하나님이 물리치십니다.

5.2.2.1. 풀이

호세아 11장 1–9절의 흐름과 짜임새

호세아 11장 1–9절은 하나님이 에브라임을 두고 말씀하시는 1–7절과 에브라임에게 직접 말씀하시는 8–9절의 두 부분으로 크게 아래와 같이 나눌 수 있습니다.

<table>
<tr><td rowspan="5">하나님이
에브라임을 두고
하시는 말씀
(1–7절)</td><td>하나님이 베푸신 은혜(1절)</td><td colspan="2">출애굽</td></tr>
<tr><td>백성의 배신(2–3절)</td><td colspan="2">우상 숭배(2절), 무지(3절)</td></tr>
<tr><td>하나님이 베푸신 은혜(4절)</td><td colspan="2">사랑의 인도, 양육</td></tr>
<tr><td rowspan="2">현재 백성의 죄와
그들에게 닥칠 재난(5–7절)</td><td>죄</td><td>돌아오지 않음(5, 7절)</td></tr>
<tr><td>재난</td><td>앗수르가 통치(5절), 전쟁(6절)</td></tr>
<tr><td rowspan="4">하나님이
에브라임에게
하시는 말씀
(8–9절)</td><td rowspan="2">사랑의 탄식(8절)</td><td colspan="2">버릴 수 없는 에브라임, 이스라엘</td></tr>
<tr><td colspan="2">불타오르는 긍휼의 마음</td></tr>
<tr><td rowspan="2">사랑의 약속(9절)</td><td>약속의 내용</td><td>“멸하지 아니하리니”</td></tr>
<tr><td>약속의 근거</td><td>거룩하신 하나님</td></tr>
</table>

1–7절은 다시 이스라엘 백성의 배신을 지적하시는 말씀(2–3절)이 하나님이 출애굽 때(1절)와 그 이후(4절)에 이스라엘 백성에게 베푸신 은혜를 회상하시는 말씀을 둘러싸고 있는 1–4절과, 현재 북왕국 백성이 저지르고 있는 잘못과 그 때문에 그들에게 닥칠 재난을 예고하시는 5–6절의 두 부분으로 이루어져 있습니다.

8–9절에서는 이처럼 범죄하여 재난을 겪게 될 북왕국을 향한 하나님의 뜨거운 사랑이 드러내는 탄식의 말씀(8절)에 이어 그들을 완전히 멸하시지는 아니하겠다는 약속의 말씀(9절)이 나옵니다.

호세아 11장 1-9절에서 중요한 낱말이나 표현

거듭 나오는 고유명사로는 에브라임(3, 8, 9절), 이스라엘(1, 8절), 애굽(1, 5절)이 있는데, 이스라엘을 가리켜 한 편으로는 '내 아들'(1절)이라 하고 다른 한편으로는 '내 백성'(7절)이라 부르는 점이 독특합니다.

거듭 쓰이는 낱말로는 '어찌'(8절에 4번, 히브리어 성경에는 2번만 나옵니다), '놓다'(8절에 2번), '되돌아가다'(5절)과 '돌아오다'(5절), '사랑하다'(1절)과 '사랑'(4절)을 찾아볼 수 있습니다.

비슷한 뜻을 지니는 낱말로는 '멀리하다'(2절)와 '물러가다'(7절), '놓다'(8절)와 '버리다'(8절)와 '두다'(8절)가 눈에 띕니다.

5.2.2.3. 풀이

호세아 11장 1-9절에서 말하는 것

아들을 키우는 어버이처럼 하나님은 이스라엘 백성을 애굽 종살이에서 건져 내었을 뿐만 아니라 사랑으로 이끌고 키우셨는데도, 그들은 그러한 은혜를 깨닫지 못하고 바알들을 섬기며 하나님께 돌아오려고 하지 않아, 하나님이 그들에게 재난을 내리시지 않을 수 없는 상황에 이르렀습니다. 그렇지만 하나님은 그런 백성도 끝까지 뜨겁게 사랑하셔서 완전히 멸하지는 아니하시겠다고 합니다.

* 호세아 11장 1-9절의 중심 가르침

첫째, 오로지 하나님의 은혜로 생겨나고 자라난 믿음의 공동체도 하나님을 배신할 수 있습니다.

둘째, 배신한 공동체는 하나님께 돌아오기를 계속 거부할 수 있습니다.

셋째, 그런 공동체도 하나님은 끝까지 사랑하시며 포기하지 아니하십니다.

6.2.2.1. 풀이

호세아 14장 1-9절의 흐름과 짜임새

호세아 14장 1-9절은 예언자가 백성에게 하는 권유인 1-3절, 하나님이 백성의 회복을 두고 하시는 말씀인 4-8절, 예언자의 맺음말인 9절의 세 부분으로 크게 나눌 수 있습니다.

<table>
<tr><td rowspan="6">백성에게
하는 예언자의
권유
(1-3)</td><td rowspan="2">권유의 말
(1)</td><td>권유(1전)</td><td colspan="2">“… 네 하나님 여호와께로 돌아오라”</td></tr>
<tr><td>권유하는 까닭(1후)</td><td colspan="2">“네가 불의함으로 … 엎드러졌느니라”</td></tr>
<tr><td rowspan="4">하나님께
아뢸 말을
가르침(2-3)</td><td>도입부(2전)</td><td colspan="2">“말씀을 가지고 돌아와 아뢰기를”</td></tr>
<tr><td rowspan="3">아뢸 말
(2후-3)</td><td>기도(2후)</td><td>불의 제거, 받으소서</td></tr>
<tr><td>다짐(3전)</td><td>하지 않은 일들</td></tr>
<tr><td>확신 고백(3후)</td><td>주로 말미암아 긍휼</td></tr>
<tr><td rowspan="6">백성의
회복을 두고
하나님이
하시는 말씀
(4-8)</td><td rowspan="3">회복 약속
(4-5전)</td><td>약속(4전)</td><td colspan="2">반역 고치고, 사랑하리</td></tr>
<tr><td>까닭(4후)</td><td colspan="2">“나의 진노가 그에게서 떠났음이니라“</td></tr>
<tr><td>약속(5전)</td><td colspan="2">“내가 이스라엘에게 이슬 같으리니”</td></tr>
<tr><td rowspan="3">결과
(5후-8)</td><td>번성하게 짐(5후-7)</td><td colspan="2">꽃, 뿌리, 가지, 아름다움, 향기, 풍성</td></tr>
<tr><td>에브라임의 말(8전)</td><td colspan="2">“내가 다시 우상과 무슨 상관…. ”</td></tr>
<tr><td>나의 말(8후)</td><td colspan="2">“… 네가 나로 말미암아 열매를 … ”</td></tr>
<tr><td>예언자의
맺음말(9)</td><td colspan="4">“누가 지혜/총명이 있어 이런 일을 깨달으며/알겠느냐
여호와의 도는 정직하는 의인은 … 다니거니와 죄인은 … 넘어지리라“</td></tr>
</table>

예언자는 이스라엘 백성더러 하나님께로 돌아오라 권하면서(1전) 그 까닭을 밝히고(1후), 하나님께 돌아올 때 할 말을 자세히 일러 줍니다(2-3). 먼저 불의를 제거하고 선한 바를 받아 달라고 기도하고(2후), 뒤이어 이제는 하나님 아닌 것을 의지하지 않을 뜻을 밝히고(3전), 하나님으로 말미암아 긍휼을 얻으리라는 확신을 고백하라(3후) 합니다.

이 권유에 이스라엘 백성이 어떻게 반응했는지는 나오지 않고, 곧바로 하나님이 이스라엘의 반역을 고치고 그들을 사랑하실 뜻을 밝히시며(4전) 그 까닭을 알려 주신 뒤에(4후) 다시 이스라엘에게 잘 해 주실 것을 약속하십니다(5전). 그 결과로 이스라엘은 꽃 피고, 뿌리박히고, 가지가 퍼져 아름답고 향기 나며 풍성한 식물처럼 번성하리라(5후-7) 하시고, 그 때가 되면 이스라엘은 더는 우상 섬길 필요가 없음을 고백하고(8전), 하나님은 이에 자신이 그들에게 어떤 존재이신지를 일러 주리라(8후)고 하십니다.

마지막으로 예언자는 먼저 이런 일은 그 어떤 사람도 깨닫거나 알 수 없는 일이라 고백한 뒤에(9전) 이런 하나님의 길에서 의인과 죄인의 운명이 판가름난다고 합니다(9후).

호세아 14장 1-9절에서 중요한 낱말이나 표현

호세아 14장 1-9절에 거듭 나오는 낱말로는 '레바논'(5, 6, 7절), '아니하다'(3절에 3번), '돌아오다'(1, 2절), '불의'(1, 2절), '피다'(5, 7절), '향기'(6, 7절, 히브리 말로는 다름), '길'(9절에 2번)이 있습니다.

비슷한 뜻을 지닌 낱말이나 표현으로는 '우리 손으로 만든 것'(3절)과 '우상'(8절), '지혜'(9절)와 '총명'(9절)이 눈에 띕니다. '의인'과 '악인'은 서로 맞서는 말로 짝을 이룹니다.

6.2.2.3. 풀이

호세아 14장 1-9절에서 말하는 것

범죄한 백성에게 예언자는 자신들의 잘못된 삶을 바꿀 뜻을 밝히며 하나님을 신뢰하는 고백하며 하나님의 도움을 구하면서 하나님께 돌아올 것을 권고하고, 하나님은 이제 진노를 거두시고 백성의 잘못을 고치고 그들을 사랑하셔서 그들이 번성하며 하나님을 잘 섬기게 되리라 말씀하십니다. 하나님의 이러한 구원의 길은 사람이 깨닫지도 알지도 못하나 의인은 그리로 가는 길입니다.

* 호세아 14장 1-9절의 중심 가르침

첫째, 참된 회개에는 하나님만 의지하고 이제껏 살아온 잘못된 삶을 바로잡는 일이 뒤따라야 합니다.

둘째, 잘못된 삶은 하나님이 고쳐 주실 수 있습니다.

요엘 2장 28-33절의 흐름과 짜임새

개역개정판 요엘 2장 32절에 두 번 나오는 '나 여호와'에서 '나'가 히브리어 본문에는 없습니다. 이리하여 형식만 두고 본다면, 요엘 2장 28-33절은 하나님이 말씀하시는 28-30절과 예언자가 말하는 31-32절의 두 부분으로 나눌 수 있습니다.

하나님의 말씀 (28-30절)	'그 후에 내'가 할 일 1(28앞부분)	"내 영을 만민에게 부어주리니"
	그 결과로 일어날 일들(28나머지)	'너희 자녀들/늙은이/젊은이'
	'내'가 할 일 2 (29)	"내 영을 남종과 여종에게 부어 줄 것"
	'내'가 할 일 3 (30)	"내가 이적을 하늘과 땅에 베풀리니…"
예언자의 말 (31-32절)	때(31전)	"여호와의 … 날이 이르기 전에"
	일어날 일들(31후)	"해가 어두워지고 달이 … 변하"리라
	구원얻을 자(32)	"여호와의 이름을 부르는 자"

28-30절에서는 하나님이 '그 후에' 하실 일을 세 가지로 알려 주는데, 첫 두 가지는 영을 부어 주시는 것으로 그 대상이 28절의 '만민'과 29절의 '남종과 여종'(29)으로 나누어집니다. '만민에게' 영을 부어 주시는 결과는 28절에서 '너희 자녀들'과 '너희 늙은이'와 '너희 젊은이'에게 각각 다른 영향을 끼친다고 합니다. 셋째 하실 일은 30절에 적힌 대로 창조세계에 이적을 베푸시는 것입니다. 31-32절에서 예언자는 앞 28절에서 하나님이 말씀하신 '그 후에'를 "여호와의 크고 두려운 날이 이르기 전에"라고 풀이하면서, 그 때 창조세계에 변화가 있을 것을 앞 30절과 비슷하게 31절에서 말합니다. 그 날에 구원 얻을 자로 32절에서 여호와의 이름을 부르는 자가 있다고 합니다.

7.2.2.2. 풀이

요엘 2장 28-33절에서 중요한 낱말이나 표현

28-30절에서는 하나님의 '내' 가 가장 자주 나옵니다(28, 29절에 2번씩, 30절에 1번). 이 '내' 가 31-32절에서는 '여호와' 로 바뀝니다(31절에 1번, 32절에 3번). 이미 위에서 밝혔듯이 32절에 2번 나오는 '나' 가 히브리어 본문에는 없습니다.

그밖에 28-30절에 거듭 나오는 낱말로는 '너희' (28절에 3번), '영' (28, 29절), '부어 주다' (29, 29절)이 있습니다. 31-32절에서 같거나 비슷한 뜻을 지니는 말로는 '부르다' (32절)와 '부름을 받다' (32절), '시온' 과 '예루살렘' (32절), '구원을 얻다' (32절)와 '피하다' (32절)가 눈에 띕니다.

이 가운데서 28절의 '너희' 는 본문 이해에 매우 중요합니다. 개역개정판 난하주에서 밝히듯이, 28절에서 '만민' 으로 옮긴 히브리 낱말이 본디는 '모든 육체' 를 뜻하지만, 뒤이어 나오는 '자녀들' 과 '늙은이' 와 '젊은이' 앞에 각각 '너희' 가 붙음으로써 이 '만민' 곧 '모든 육체' 는 이 세상 모든 사람을 가리킨다기보다는 이스라엘 백성에 속한 모든 사람을 가리킨다고 볼 수 있습니다. 이 점은 29절에서 '남종' 과 '여종' 을 따로 언급하는 점과도 잘 맞아 떨어집니다.

이리하여 28-29절에서 하나님은 모든 이스라엘 사람들과 이스라엘 사람들에게 종살이하던 사람들에게 당신의 영을 부어 주셔서 그들이 하나님과 깊이 교제하면 살 수 있게 하리라고 약속하신 것으로 이해할 수 있습니다. 곧 이스라엘 공동체에 혈통과 신분을 뛰어넘어 온전한 구원을 이루시겠다는 뜻입니다. 이는 또한 32절에서 '시온 산과 예루살렘에서 피할 자' 를 말하는 것과도 잘 어울립니다.

또 요엘 2장 31절에 나오는 '여호와의 날' 이 본문 이해에 아주 중요합니다. '여호와의 날' 이 28-32절에서는 한 번밖에 나오지 않지만, 요엘서 전체의 주제이기 때문입니다. 요엘서 앞부분(1:2-2:11)에서 '여호와의 날'은 하나님 백성에게 재난이 닥치는 날이지만, 뒷부분(2:12-3:21)에서는 구원의 날이기 때문입니다.

요엘 2장 28-33절에서 말하는 것

2장 28절 첫머리의 '그 후에'는 앞서 18-27절에서 약속하신 경제 회복이 시작된 뒤를 가리킵니다. 온전한 구원은 경제 회복만으로 이루어지지 않고, 하나님과 하나님 백성의 깊은 사귐이 회복될 때 제대로 이루어지므로, 하나님은 무엇보다도 하나님 백성의 모든 구성원이 당신과 깊은 관계를 맺고 살도록 당신의 영을 부어 주시겠다고 합니다. 그리하여 천지가 엄청나게 달라지는 재난 가운데서도 여호와의 백성은 여호와의 이름을 불러 살아남을 수 있으리라 합니다.

7.2.2.4. 풀이

사도행전 2장 16-21절의 요엘 2장 28-32절 이해

요엘 2장 28-32절을 사도 바울이 사도행전 2장 16-21절에서 이끌어 쓰면서 요엘의 '내 영' 과 '여호와의 이름' 을 각각 사도행전 2장에 임하신 '성령' 과 '예수의 이름' 으로 이해하여 해석했습니다. 그리하여 요엘 2장의 '만민' 도 이스라엘의 울타리를 넘어서서 예수를 믿고 성령을 받은 모든 사람을 가리키는 넓은 뜻으로 이해할 수 있게 되었습니다.

* 요엘 2장 28-33절의 중심 가르침

첫째, 하나님 백성의 온전한 구원은 경제 회복에 있지 않고 하나님과 깊이 사귀는 관계가 회복되는 데 있습니다.

둘째, 하나님과 하나님 백성의 온전한 사귐을 오로지 하나님의 영에 의해서만 이루어집니다.

셋째, 이처럼 하나님의 영이 모든 구성원을 움직이는 공동체에서는 혈통이나 신분의 차이가 전혀 중요하지 않습니다.

아모스 1장 3절–2장 3절의 흐름과 짜임새

아모스 1장 3절–2장 3절은 다메섹/아람, 가사/블레셋, 두로, 에돔, 암몬 자손, 모압의 여섯 민족의 죄를 지적하고 그 각각에게 하나님이 내리실 벌을 예고하는 여섯 단락으로 나눌 수 있습니다.

절수	성읍/민족	저지른 죄	하나님이 내리실 벌
1:3–5	다메섹/아람	타작하듯 길르앗 압박했음	궁궐들 불사름, 주민들과 규 잡은 자 끊음, 백성 사로잡혀 가게 함
1:6–8	가사/블레셋	포로들을 에돔에 넘겼음	궁궐들 불사름, 주민들과 규 잡은 자 끊음, 남은 자 멸망하게 함
1:9–10	두로	형제의 계약 위반, 포로들을 에돔에 넘겼음	궁궐들을 불사름
1:11–12	에돔	칼로 형제 뒤쫓음, 긍휼 버림, 화내며 분을 품음	궁궐들을 불사름
1:13–15	암몬 자손	영토 넓히려고 아이 밴 길르앗 여인의 배를 갈랐음	궁궐들을 불사름, 왕과 지도자들 사로잡혀 가게 함
2:1–3	모압	에돔 왕의 뼈를 불살라 재로 만들었음	궁궐들을 불사름, 재판장 멸하고, 지도자들 죽임

8.2.2.2. 풀이

아모스 1장 3절-2장 3절에서 중요한 낱말이나 표현

아모스 1장 3절-2장 3절에서는 "여호와께서 이와 같이 말씀하시되"가 각 단락의 첫 머리에(1:3, 6, 9, 11, 13; 2:1), " … 의 서너 가지 죄로 말미암아 내가 그 벌을 돌이키지 아니하리니"가 각 단락의 첫 절에(1:3, 6, 9, 11, 13; 2:1), 또 "내가 …에 불을 보내리니/놓아 …의 궁궐들을 사르리라/사르되"가 각 단락의 둘째 절에(1:4, 7, 10, 12, 14; 2:2) 한결같이 나옵니다.

그밖에 거듭 나오는 표현이나 낱말로는 "여호와께서 말씀하셨느니라/말씀하시니라"(1:5, 8, 15; 2:3), '주민들' (1:5, 8), '규(를) 잡은 자' (1:5, 8), '사로잡히다' (1:5, 15), '사로잡은 자를 에돔에 넘겼음이라' (1:6, 9)가 있습니다.

아모스 1장 3절-2장 3절에서 말하는 것

이스라엘의 하나님은 이스라엘의 하나님이실뿐만 아니라 온 누리의 하나님으로서 다른 나라들이 저지르는 죄, 이스라엘과 직접 관계없다 하더라도 사람으로서 해서는 안 될 못된 짓을 두고서는 책임을 물으십니다. 그리하여 하나님은 이스라엘 둘레에 살면서 이스라엘을 괴롭힌 다메섹의 아람 백성과 암몬 자손뿐만 아니라 이스라엘과 직접 피해를 끼치지 않더라도 포로를 다른 나라 사람들에게 넘긴 블레셋 사람들과 두로 사람들과 이웃 왕의 뼈를 불살라 재로 만든 모압도 벌하겠다고 하십니다.

8.2.3.1. 풀이

아모스 2장 4-16절에 비추어 본 1장 3절-2장 3절의 뜻

먼저 이스라엘 주변 국가들의 죄와 그에 따른 벌을 언급한 까닭은 아모스 2장 4-16절에 나오는 남왕국 유다와 북왕국 이스라엘의 죄와 그에 따른 벌을 말씀하기 위함입니다. 물론 이방 민족들의 죄도 크지만 하나님의 백성인 남왕국과 북왕국의 죄도 그에 못지않게 크며 그 벌 또한 클 것임을 알 수 있습니다.

* 아모스 1장 3절-2장 3절의 중심 가르침

첫째, 하나님은 하나님의 백성을 괴롭힌 세력을 벌하십니다.

둘째, 하나님은 이방 백성들에게도 약한 사람들을 괴롭힌 책임을 물으셔서 그들을 벌하십니다.

셋째, 하나님의 백성이라도 잘못을 저지르면 이방 백성들과 마찬가지로 하나님께 벌을 받습니다.

아모스 5장 21-24절의 흐름과 짜임새

아모스 5장 21-24절은 '나' 하나님이 무엇을 거부하는지를 말하는 21-23절과 무엇을 원하는지를 알려 주는 24절의 두 부분으로 크게 나눌 수 있습니다.

<table>
<tr><td rowspan="6">'나'
하나님이
거부함
(21-23)</td><td>내가 미워하여 멸시하며</td><td rowspan="4">'너희'
(21- 22)</td><td>너희 절기들을</td><td>모임</td><td rowspan="6">종
교
의
식</td></tr>
<tr><td>내가 기뻐하지 아니하나니</td><td>너희 성회들을</td><td>(21)</td></tr>
<tr><td>내가 받지 아니할 것이요</td><td>너희가 내게 번제나
소제를 드릴지라도</td><td>제물
(22)</td></tr>
<tr><td>내가 돌아보지 아니하리라</td><td>너희의 살진 희생의
화목제도</td><td></td></tr>
<tr><td>내 앞에서 그칠지어다
(듣기 싫다!)</td><td rowspan="2">'너'
(23)</td><td>네 노랫소리를</td><td>찬송</td></tr>
<tr><td>내가 듣지 아니하리라</td><td>네 비파 소리도</td><td></td></tr>
<tr><td>원함(24)</td><td colspan="4">오직 정의를 물 같이, 공의를 마르지 않는 강 같이 흐르게 하라</td><td>삶</td></tr>
</table>

21-23절은 다시 '너희' 에게 하시는 말씀인 21-22절과 '너' 에게 하시는 말씀인 23절의 두 부분으로 이루어집니다. 하나님이 거부하시는 것은 이스라엘 백성의 모임(21)과 제물(22)과 찬송(23)이고, 바라시는 것은 정의와 공의입니다(24).

'이것' 을 거부하시고 '저것' 을 바라신다고 할 때 초점은 '저것' 에 있습니다. 이리하여 21-24절의 초점은 모임이나 제물이나 찬송을 내용으로 삼는 종교의식이 아니라 정의와 공의가 가득한 삶임이 드러납니다.

9.2.2.2. 풀이

아모스 5장 21-24절에서 중요한 낱말이나 표현

하나님을 가리키는 인칭대명사 '내'(21전, 21후, 22전, 22후, 23전, 23후)와 이스라엘 백성을 가리키는 '너희'(21전, 21후, 22전, 22후)나 '네'(23전, 23후) 다음으로 자주 나오는 낱말은 '아니하다'(21후, 22전, 22후, 23후)입니다. '너희'는 이스라엘 백성 한 사람 한 사람을 염두에 두고 쓰는 대명사이고, '너'는 이스라엘 백성 전체를 하나로 묶어 한 인격체로 다룰 때 쓰는 대명사로 이해할 수 있습니다.

짝을 이루는 비슷한 명사로는 '절기들'과 '성회들'(21), '번제나 소제'와 '희생의 화목제'(22), '노랫소리'와 '비파 소리'(23), '정의'와 '공의'(24), '물'과 '강'(24)이 있고, 동사로는 '미워하여 멸시하다'와 '기뻐하지 아니하다'(21), '받다'와 '돌아보다'(22)가 눈에 띕니다.

결국 21-24절에서 하나님은 '너희' 또는 '너' 이스라엘 백성이 하는 모임이나 바치는 제물이나 부르는 찬송이 정의롭고 공의로운 삶으로 뒷받침되고 있지 못한 현실을 매섭게 꾸짖으시며, 열심히 예배하는 당신의 백성에게 정의롭게 살 것을 촉구하십니다.

아모스 5장 21-24절에서 말하는 것

정의롭고 공의로운 삶이 따르지 않는 종교 생활은 하나님이 받으시지 않습니다. 하나님을 위해 모이고 제물을 바치고 찬송하는 일에 열심을 쏟는 만큼 일상생활에서 하나님의 뜻을 따라 정의롭고 공의롭게 사는 데 힘써야 합니다.

* 아모스 5장 21-24절의 중심 가르침

첫째, 정의롭게 살지 않는 사람들이 성대하게 치르는 종교 의식은 하나님이 기뻐하시지도 받아 주시지도 않습니다.

둘째, 하나님의 백성은 종교 의식을 올바르게 치르는 데 힘쓸 뿐만 아니라 일상생활에서 하나님의 정의를 이루기 위해 애써야 합니다.

10.2.2.1. 풀이

아모스 7장 10-17절의 흐름과 짜임새

아모스 7장 10-17절은 아마샤가 여로보암에게 아모스를 고발하는 말이 중심을 이루는 10-11절과 아마야와 아모스의 대화가 중심을 이루는 12-17절의 두 부분으로 크게 나눌 수 있습니다.

<table>
<tr><td rowspan="3">아마샤의
고발
(10-11)</td><td>도입(10전)</td><td colspan="3">벧엘의 제사장 아마샤가 여로보암 왕에게 사람을 보내어 말함</td></tr>
<tr><td rowspan="2">고발 내용
(10후-11)</td><td>주장</td><td colspan="2">“아모스가 왕을 모반하나니
그 모든 말을 이 땅이 견딜 수 없나이다“(10후)</td></tr>
<tr><td>근거</td><td colspan="2">아모스의 예언 인용: 왕은 살해되고,
이스라엘 포로로 사로잡혀 이스라엘 땅 떠나리라(11)</td></tr>
<tr><td rowspan="9">아마샤와
아모스가
주고받은 말
(12-17)</td><td rowspan="3">아마샤가
아모스에게
(12-13)</td><td>도입</td><td colspan="2">“아마샤가 또 아모스에게 이르되”(12앞)</td></tr>
<tr><td rowspan="2">한 말</td><td>추방
명령</td><td>“선견자여 너는 유다 땅으로” 가서 예언하고
“벧엘에서 예언하지 말라”(12나머지-13전)</td></tr>
<tr><td>근거</td><td>“이는 왕의 성소요 나라의 궁궐임이니라”(13후)</td></tr>
<tr><td rowspan="6">아모스가
아마샤에게
(14-17)</td><td>도입</td><td colspan="2">“아모스가 아마샤에게 대답하여 이르되”(14앞)</td></tr>
<tr><td rowspan="5">한 말</td><td rowspan="2">자신이 벧엘에서
예언한 까닭</td><td>자신의 직업(14)</td></tr>
<tr><td>여호와의 부르심과 선포명령(15)</td></tr>
<tr><td rowspan="3">아마샤에게
재난예언 전달</td><td>도입: 여호와의 말씀 들을지니라(16앞)</td></tr>
<tr><td>아마샤의 죄 지적: 예언금지명령(16)</td></tr>
<tr><td>재난 예고: 가족, 땅, 자신, 이스라엘(17)</td></tr>
</table>

아마샤는 먼저 여로보암 왕에게 사람을 보내어 아모스의 예언을 문제 삼아 아모스를 반역죄로 고발한 다음에(10-11절) 아모스에게 직접 유다 땅으로 가서 거기서 예언하지 더는 왕의 성소인 벧엘에서 예언하지 말라고 합니다(12-13절). 이 말을 들은 아모스는 먼저 자신이 벧엘에서 예언하게 된 것은 하나님의 부르심과 선포명령을 따른 것이라 한 뒤에(14-15절) 자신에게 예언하지 말라고 한 잘못 때문에(16절) 하나님이 아마샤와 이스라엘 백성에게 내리실 재난을 하나님의 이름으로 예고합니다(17절).

아마샤가 아모스를 여로보암에게 고발하면서 아모스의 예언을 인용했다면(11절), 아모스는 아마샤에게 재난예언을 선포하면서 아마샤의 말을 인용합니다(16절). 아마샤가 인용한 아모스의 예언의 뒷부분에서 이스라엘이 사로잡혀 가리라 한 말이, 아마샤에게 전한 재난 예언의 마지막 부분에서 되풀이됩니다. 이리하여 아마샤가 막고자 한 아모스의 예언은 그대로 아마샤 자신에게 다시 한 번 선포되었을 따름입니다. 또 앞에서 칼에 죽으리라는 예고가 여로보암 왕에게 해당되었다면, 뒤에서는 아마샤의 자녀들에게 그 재난이 예고됩니다.

10.2.2.2. 풀이

아모스 7장 10-17절에서 중요한 낱말이나 표현

아모스 7장 10-17절에서 거듭나오는 표현이나 낱말로는 '이스라엘' (10절에 2번, 11, 16, 17절) '땅' (10, 11, 12절에 1번씩, 16절에 3번), '예언하다' (12, 13, 15절), '선지자' (14절에 2번), '벧엘' (10, 13절), '왕' (10, 13절), '칼' (12, 17절), '사로잡혀 그(의) 땅에서 떠나다' (12, 17절)가 있습니다. 16절에는 아마샤를 가리키는 '네' 또는 '너' 가 4번 나옵니다.

그리고 비슷한 뜻을 지닌 낱말로는 '예언하다' 와 '경고하다' (16절), '선지자' 와 '선견자' (12절), '죽다' (12절)와 '엎드러지다' (16절), '이스라엘' (10, 11, 15, 16, 17절)과 '이삭의 집' (16절)이 눈에 띕니다.

이리하여 아모스 7장 10-17절에서는 한편으로는 예언의 문제가, 다른 한편으로는 이스라엘이 망하고 그 백성이 사로잡혀 가는 등의 재난을 겪게 되는 문제가 중요함을 알아차릴 수 있습니다.

아모스 7장 10-17절에서 말하는 것

북왕국의 왕가에 불리하다고 해서 하나님이 불러 보내신 예언자더러 북왕국에서 예언하지 말라고 하는 것은 하나님께 무서운 죄가 되고 그렇게 한 당사자와 그의 가족은 큰 재난을 겪게 될 것입니다. 그런 지도자가 권력을 행사하는 북왕국은 망할 수밖에 없습니다.

* 아모스 7장 10-17절의 중심 가르침

첫째, 예언자는 하나님이 시키시는 곳에 가서 시키시는 대로 하나님의 말씀을 전하는 사람이므로 권력자의 구미에 맞게 예언하는 등으로 자기 밥벌이를 하려고 예언하기 좋은 곳을 골라 예언하지 않습니다.

둘째, 이런 예언자의 활동이 권력자의 맘에 들지 않는다고 해서 막으려 하는 것은 옳지 못합니다.

셋째, 참 예언자의 말을 막으려고만 하고 듣지 않는 지도자와 그런 지도자가 있는 나라는 망할 수밖에 없습니다.

11.2.2.1. 풀이

아모스 9장 11-15절의 흐름과 짜임새

아모스 9장 11-15절은 11절 끝 부분과 12절 시작 부분에서 하나님을 '여호와' 라는 이름으로 부르는 예언자의 말을 기준으로 예언자가 '나' 하나님의 말씀을 전하는 11-12절과 13-15절의 두 부분으로 크게 나눌 수 있습니다.

<table>
<tr><td rowspan="3">말씀 1
(11-12)</td><td rowspan="2">하나님이 하신
회복의 말씀</td><td>하나님이
하실 일 (11)</td><td>"그 날에 내가 다윗의 무너진 장막
일으키고 … 옛적과 같이 세우고"</td></tr>
<tr><td>그 결과
(12)</td><td>"그들이 에돔의 남은 자와 내 이름으로
일컫는 만국을 기업으로 얻게 하리라"</td></tr>
<tr><td>예언자의 맺음말</td><td colspan="2">"이 일을 행하시는 여호와의 말씀이니라"(12끝)</td></tr>
<tr><td rowspan="8">말씀 2
(13-15)</td><td>예언자의 말</td><td colspan="2">"여호와의 말씀이니라"(13앞)</td></tr>
<tr><td rowspan="6">하나님이 하신
회복의 말씀</td><td>그 때의 상황 (13)</td><td>농사 회복</td></tr>
<tr><td>하나님이 하실
일 (14전)</td><td>"내가 내 백성 이스라엘이
사로잡힌 것을 돌이키리니"</td></tr>
<tr><td>그 결과
(14후)</td><td>"그들이 … 성읍을 건축하여 거주하며
포도원을 가꾸고 … 그 열매를 먹으리라"</td></tr>
<tr><td>하나님이 하실
일 (15전)</td><td>"내가 그들을 그들의 땅에 심으리니"</td></tr>
<tr><td>그 결과
(15후)</td><td>"그들이 내가 준 땅에서 다시 뽑히지
아니하리라"</td></tr>
<tr><td></td><td></td></tr>
<tr><td>예언자의 맺음말</td><td colspan="2">"네 하나님 여호와의 말씀이니라"(15끝)</td></tr>
</table>

두 말씀의 핵심은 '나' 하나님이 하시겠다고 약속한 내용에 있습니다. 곧 첫 말씀에 하나님은 다윗의 무너진 장막을 일으켜 세우겠다고 하셨고(11절), 둘째 말씀에서는 사로잡힌 이스라엘을 돌이켜 그들의 땅에 심겠다고 하셨습니다(14전반절, 15전반절). 그 결과로 '그들' 이스라엘 백성은 만국을 기업으로 얻고(12절), 고향을 재건하여 거기서 풍요를 누리며 살게 되리라(13절, 14후반절, 15후반절) 하셨습니다.

풀이

11.2.2.2. 풀이

아모스 9장 11-15절에서 중요한 낱말이나 표현

아모스 9장 11-15절에 거듭나오는 표현이나 낱말로는 하나님을 가리키는 '내' (11, 12절에 1번씩, 14, 15절에 2번씩), 이스라엘 백성을 가리키는 '그들' (12, 13절에 1번씩, 14절에 2번), '여호와' (12, 13, 15절), '일으키다' (11절에 2번), '날' (11, 13절), '포도주' (13, 14절), '말씀' (13, 15절), '뒤를 잇다' (13절에 2번)가 있습니다. 또 '포도주' 와 같은 범주에 속하는 낱말로 '포도' (13절)와 '포도원' (14절)이 나옵니다.

더 나아가서, 11절의 '일으키다', '막다', '허물어지다' 와 14절 후반절의 '건축하다' 는 건축 분야에 속하는 말들이고, 13절의 '파종하다', '추수하다', '포도를 밟다', '씨 뿌리다' 와 14절 후반절이 '과원을 만들다' 와 15절의 '심다', '뽑히다' 는 농사 분야에 속하는 표현들입니다.

이런 식으로 이 단락에서는 하나님이 정한 때('그 날에', '날이 이르리니 그 때에') 에 회복될 이스라엘 백성의 상황을 한편으로는 무너진 건축물을 다시 세우는 것으로, 다른 한편으로 농사가 잘 되는 것에 견주어 표현합니다.

그런데 이 모든 것은 본디 사로잡혀 갔던 백성이 자기들의 땅에 돌아오는 것을 전제합니다.

아모스 9장 11-15절에서 말하는 것

아모스에는 약자를 내리누르는 불의가 성행하던 북왕국 이스라엘의 죄를 매섭게 꾸짖으며 닥칠 재난을 예고하는 내용이 중심을 이루고 있습니다. 이 아모스의 마지막 단락인 아모스 9장 11-15절에서는 뜻밖에도 하나님이 재난을 겪고 있던 당신의 백성을 되살리실 때 자기 땅에서 국력이 회복되고 산업이 번창하게 됨을 알려 줌으로 희망을 품게 합니다.

* 아모스 9장 11-15절의 중심 가르침

첫째, 범죄하여 재난을 겪던 신앙 공동체의 회복은 오로지 하나님의 은혜로 이루어집니다.

둘째, 삶의 회복은 옛 생활 터전으로 돌아와 그 터전에 다시 뿌리를 내리는 데서 시작됩니다.

셋째, 회복된 삶은 생산 활동이 보장되고 그 열매를 누릴 수 있는 모습으로 드러납니다.

12.2.3. 풀이

호세아·요엘·아모스 공부 내용 정리

호세아·요엘·아모스에서 뽑아 함께 공부한 10군데 본문의 주제와 가르침을 한데 모아 보면 아래 도표와 같습니다.

과	본문	주제	가르침
2	호 1:2-9	예언자의 상징 생활	하나님의 말씀을 드러내는 삶
3	호 3:1-5	배신한 이스라엘을 그저 사랑하시는 하나님	배신하는 백성을 향한 하나님의 사랑
4	호 6:1-6	거짓된 참회	재난에서 벗어나려고 죄를 인정하지도 고백하지도 않는 회개
5	호 11:1-9	돌아오지 아니하려는 이스라엘 백성을 사랑하시는 하나님	회개하지 않는 백성도 포기하지 아니하시는 하나님의 사랑
6	호 14:1-9	참된 참회	삶의 변화를 다짐하는 회개의 고백
7	욜 2:28-32	영 부으심과 구원의 약속	성령의 공동체에 나타나는 삶
8	암 1:3-2:3	열방의 죄를 벌하시는 하나님	온 누리의 하나님이 각 민족에게 바라시는 윤리적인 삶
9	암 5:21-24	종교의식보다는 정의 실천	정의 실현
10	암 7:10-17	왕을 두려워하기보다는 하나님의 명령을 따른 예언	올바른 말씀의 일꾼
11	암 9:11-15	재난 뒤의 회복	하나님의 일방적인 회복 약속

이 10군데 본문은 한결같이 하나님의 백성이라는 공동체가 저지른 잘못, 그 잘못 때문에 닥치는 재난, 그 재난에서 회복되는 문제를 다루고 있습니다. 따라서 **이 10군데 본문을 공부할 때 가장 중요한 점은 각 본문의 가르침을 한 개인의 문제로 축소시키지 않도록 조심하는 것입니다.**

10군데 본문 가운데서 호세아 1장 2-9절, 3장 1-5절, 아모스 7장 10-17절의 세 군데는 예언자의 활동이나 특별한 존재 양식과 관련됩니다.

수업안 12.3.1. 마무리 다짐

호 1:2	여호와께서 처음 호세아에게 말씀하실 때 여호와께서 호세아에게 이르시되 너는 가서 음란한 여자를 맞이하여 음란한 자식들을 낳으라 이 나라가 여호와를 떠나 크게 음란함이니라 하시니
호 3:1	여호와께서 내게 이르시되 이스라엘 자손이 다른 신을 섬기고 건포도 과자를 즐길지라도 여호와가 그들을 사랑하나니 너는 또 가서 타인의 사랑을 받아 음녀가 된 그 여자를 사랑하라 하시기로
호 6:6	나는 인애를 원하고 제사를 원하지 아니하며 번제보다 하나님 아는 것을 원하노라
호 11:8	에브라임이여 내가 어찌 너를 놓겠느냐 이스라엘아 내가 어찌 너를 버리겠는냐 내가 어찌 너를 아드마 같이 놓겠느냐 어찌 너를 스보임 같이 두겠느냐 내 마음이 내 속에서 돌이키어 나의 긍휼이 온전히 불붙듯 하도다

풀이

호 14:3	우리가 앗수르의 구원을 의지하지 아니하며 말을 타지 아니하며 다시는 우리의 손으로 만든 것을 향하여 너희는 우리의 신이라 하지 아니하오리니 이는 고아가 주로 말미암아 긍휼을 얻음이니이다 할지니라
욜 2:28	그 후에 내가 내 영을 만민에게 부어 주리니 너희 자녀들이 장래 일을 말할 것이며 너희 늙은이는 꿈을 꾸며 너희 젊은이는 이상을 볼 것이며 그 때에 내가 또 내 영을 남종과 여종에게 부어줄 것이며
암 1:6	여호와께서 이와 같이 말씀하시되 가사의 서너 가지 죄로 말미암아 내가 그벌을 돌이키지 아니하리니 이는 그들이 모든 사로잡은 자를 끌어 에돔에 넘겼음이라
암 5:24	오직 정의를 물 같이, 공의를 마르지 않는 강 같이 흐르게 할지어다
암 7:15	양 떼를 따를 때에 여호와께서 나를 데려다가 여호와께서 내게 이르시기를 가서 내 백성 이스라엘에게 예언하라 하셨나니
암 9:11	그 날에 내가 다윗의 무너진 장막을 일으키고 그것들의 틈을 막으며 그 허물어진 것을 일으켜서 옛적과 같이 세우고

절취선

수업일지 1

본문	수업 안내, 호세아·요엘·아모스 통틀어 보기	날짜	
참석자 이름			
수업 진행 상황			
수업 내용			
수업 소감			

절취선

수업일지 2

본문	호세아 1장 2-9절	날짜	
참석자 이름			
수업 진행 상황			
수업 내용			
수업 소감			

수업일지

절취선

수업일지 3

본문	호세아 3장 1-5절	날짜	
참석자 이름			
수업 진행 상황			
수업 내용			
수업 소감			

수업일지 4

본문	호세아 6장 1-6절	날짜	
참석자 이름			
수업 진행 상황			
수업 내용			
수업 소감			

절취선

수업일지

절취선

수업일지 5

본문	호세아 11장 1-9절	날짜	
참석자 이름			
수업 진행 상황			
수업 내용			
수업 소감			

수업일지

절취선

수업일지 6

본문	호세아 14장 1-9절	날짜	
참석자 이름			
수업 진행 상황			
수업 내용			
수업 소감			

수업일지

수업일지 7

본문	요엘 2장 28-32절	날짜	
참석자 이름			
수업 진행 상황			
수업 내용			
수업 소감			

절취선

수업일지

절취선

수업일지 8

본문	아모스 1장 3절-2장 3절	날짜	
참석자 이름			
수업 진행 상황			
수업 내용			
수업 소감			

수업일지

수업일지 9

본문	아모스 5장 21-24절	날짜	
참석자 이름			
수업 진행 상황			
수업 내용			
수업 소감			

절취선

수업일지 10

본문	아모스 7장 10-17절	날짜	
참석자 이름			
수업 진행 상황			
수업 내용			
수업 소감			

수업일지 11

본문	아모스 9장 11-15절	날짜	
참석자 이름			
수업 진행 상황			
수업 내용			
수업 소감			

절취선

수업일지

절취선

수업일지 12

본문	전체 정리와 평가	날짜	
참석자 이름			
수업 진행 상황			
수업 내용			
수업 소감			

수업일지

장로회신학대학교
Presbyterian College and Theological Seminary